改訂第二版

CRAFT
ひきこもりの
家族支援
ワークブック

共に生きるために家族ができること

境 泉洋
編著

野中俊介
山本 彩
平生尚之
著

金剛出版

改訂版に向けた序文

This second edition of the CRAFT book has been updated and it increases information for both therapists and researchers. Again Dr. Sakai has shown his skills to make important permutations based on the community reinforcement and family training (CRAFT) for the Japanese society.

This book offers a broad range of behavioural information to assist family members to dealing with a family member suffering with Hikikomori. Moreover, we welcome two highly esteemed Japanese colleagues Drs. Hirao and Yamamoto for their work on crisis Interventions and individuals with autism and other neuro developmental conditions. Two novel chapters have been included in this volume that addresses these problems by employing the CRAFT methodology. Therefore I recommend this book and I personally would endorse treatment health professionals to give this book a close read.

Robert J. Meyers, Ph.D.,

Emeritus Associate Research Professor of Psychology University of New Mexico, & Director of Robert J. Meyers, Ph.D. & Associates

このCRAFT 第2版は改訂されることで，支援者と研究者の両方に向けた情報が加筆されている。今回も，境氏はコミュニティ強化と家族訓練（CRAFT）に基づきながらも，日本社会に対応する上での重要な再構成を行うために自身のスキルを発揮している。

本書では，ひきこもりの子どもに対応する家族を支援するために，幅広い行動論的知識を提供している。さらに，我々は，危機介入や自閉症及びその他の神経発達的課題を有する状態への介入において高い評価を得ている日本人の同僚，平生氏と山本氏の加入を歓迎する。CRAFT を用いることによってこれらの問題に対処する2つの新しい章がこの改訂版に加わっている。

それゆえに，私はこの本を推薦するとともに，個人的にも，この本をよく読むように医療専門家に推薦するつもりである。

ロバート・J・メイヤーズ Ph.D.

ニューメキシコ大学心理学名誉准研究教授
ロバート・J・メイヤーズ研究所所長

This book is highly interesting because CRAFT for individuals with hikikomori problems has attracted considerable attention in Japan within the last few years. Dr. Sakai gives an excellent overview of the CRAFT application generally related to hikikomori issues. Furthermore, he also recruited a group of outstanding authors who wrote CRAFT excerpts that illustrate CRAFT applications for family members who need to assist individuals with developmental disorders and frequently have to deal with complex problems, such as violence and crisis situations. I hope that CRAFT will be disseminated authentically to serve families who need help to improve their well-being.

Hendrick G. Roozen

Professor of the Center on Alcoholism, Substance Abuse, and Addictions (CASAA) The University of New Mexico
Trainer and consultant of CRAFT Trainer/Consultant

こ数年，ひきこもり支援におけるCRAFTが日本で大きな注目を集めており，本書は非常に興味深いものです。境氏は，ひきこもり全般に関連するCRAFTについて卓越した概観を示しています。さらに，境氏は優れた著者をメンバーに加えています。新たなメンバーは，発達障害のある人を支援しなければならない家族，そして暴力や危機的状況の様な困難な問題に対処しなければならない家族へのCRAFTの応用を解説しています。私は，ウェルビーイングを改善するために助けを必要とする家族に貢献できるように，CRAFTが正しい形で普及することを願っています。

ヘンドリック・ローゼン

ニューメキシコ大学
アルコール依存症・薬物乱用・
依存症センター（CASAA）教授
CRAFTトレーナー／コンサルタント

初版への序文

This book is the kind of book that is not only comprehensive and compelling but useful to both therapists and researchers. Dr. Sakai has woven together the mechanism of change for Hikikomori and the community reinforcement and family training (CRAFT) in a useful and creative way.

This book examines related problem behaviors associated with Hikikomori, and discusses ways to understand these behaviors while using solid behavioral techniques to help the family member and the therapist.

I can strongly recommend Dr. Sakai's book and I strongly urge Psychologists'and other practitioners' to give this book a close read.

Robert J. Meyers, Ph.D.,
Emeritus Associate Research Professor of Psychology
University of New Mexico, &
Director of Robert J. Meyers, Ph.D. & Associates

この本は，包括的で説得力があるだけでなく，セラピストと研究者の両者に役立つものである。境氏は，有益かつ独創的な方法で，ひきこもりの変化のメカニズムとコミュニティ強化と家族訓練（CRAFT）を関連付けて記述してきた。

本書は，堅実な行動療法的手法を家族とセラピストを支援するために用いるものであるが，その一方で，ひきこもりを伴う問題行動について検討し，その行動を理解する方法についても記されている。

私は，この境氏の本を強く推薦する。そして，多くの心理学者や実践家に，この本を精読することを勧める。

ロバート・J・メイヤーズ Ph.D.
ニューメキシコ大学心理学名誉准研究教授
ロバート・J・メイヤーズ研究所所長

改訂版のためのまえがき

改訂版で何が変わったのか？

　2013年の夏に初版のあとがきを書いてから8年が経とうとしています。この間に初版の内容では足りなかった部分が見えてきました。それは，ひきこもり独自の要素であるとともに，8年という年月の間に起こったひきこもり像の変化に対応するうえで不足していた部分です。この改定版では，これらを補うことで今の日本のひきこもりに対応した内容にできました。

　本書のはじめとして，改訂の概要について触れておきたいと思います。

改訂ポイント①　全体の流れ

　改訂したポイントの一つ目は，全体の流れです。それを表しているのが副題の変更です。初版の副題「若者がやる気になるために家族ができること」は，改訂版では「共に生きるために家族ができること」となっています。

　これは，ひきこもり像の変化を受けたものです。ひきこもりの家族支援は，20代，30代のお子さんのことで50代，60代の親が相談に来るというのが定型的な相談でした。しかし，親の高齢化によって兄弟姉妹の来談が増えるなど，従来とは異なる形になっています。今の家族支援においては，「若者をやる気にさせる」という上昇志向的な発想だけでは行き詰ってしまいます。今求められる家族支援は，日々の生活を共に生きる目線です。そのため，副題を「共に生きるために……」と改訂しました。これは決して消極的な改訂ではなく，安心に基づく家族支援を行ってほしいということを意図したものです。

　また，全体の流れとして，「家族自身の生活を豊かにする」という回を初版の第7回から第4回に変更しています。共に生きていくときに大事になるのが家族の心

身の安定です。この改訂には，「家族自身の生活を豊かにする」ということの重要度が一段と増しているという思いが込められています。

改訂ポイント②　新たな内容の加筆

　初版では足りていなかった部分を補うために，改訂版では三つの新たな回（オプション）を追加しました。

　一つ目が，第5回「安心できる関係づくり」です。この回は，元々のCRAFTにはないのですが，ひきこもりの家族支援において必須だという思いから追加した回になります。ひきこもりの家庭では，お子さんとご家族がお互いを警戒して接点すら持てない時期があります。この時期をうまく乗り越え，お子さんとご家族が接点を持てるようになる方法を具体的にまとめた回となっています。

　第1回から第10回はすべての人に取り組んでいただきたい回になりますが，場合によっては必要になる内容をオプションとして追加ました。オプションの一つ目は，「"かなり危険な状況"に備える」です。家族支援の大きな目的は，家族自身を守ることです。初版から「暴力的行動の予防」という回はありましたが，初版の内容だけでは対応できない"かなり危険な状況"が生じることがあります。ひきこもりの家族支援では，"かなり危険な状況"が潜在化し，家族が我慢し続けることで何とか生活が維持されている場合があります。こうした事態を避けるために，"かなり危険な状況"に対応するための具体的な方法を加えました。

　オプションの二つ目は「発達障害がある場合のポイント」です。ひきこもりと発達障害の関連は広く知られています。発達障害がある場合は，CRAFTの実施方法にも工夫が必要です。発達特性の理解を踏まえないと，家族支援の成果が得られない状況になってしまいます。オプション2は，確定診断がない場合も含めて多くの事例で活用してほしい内容です。

改訂版でも変わっていないのは何か？

　改訂版を出すに至ったものの一貫して変わらない部分があります。それは，安全，安心，希望を基盤にするということです。安全というのは，暴力といった物理的な脅威のない安全な環境で暮らすということです。安心は，家族関係，地域との関係といった人間関係をはじめとした心理的安心と衣食住を含む物質的安心を意味します。この安全，安心がなければひきこもりから回復する気力，ひきこ

もりを支える家族の気持ちのゆとりは生まれてきません。安全，安心に加えて必要なのが希望です。希望がなければ人は頑張ることができません。ひきこもりの人とその家族が明るい希望を持てるような環境づくりが必要です。

　安全，安心，希望の重要性は変わっておらず，これらをより重視するための改訂であるといっても過言ではありません。

今後何を変えないといけないのか？

　ひきこもりは若者問題から全世代の問題へと変貌しました。家族支援の形は親の高齢化だけではなく，兄弟姉妹の来談が増えるなど，従来とは異なる相談になっています。こうした新たな相談に対応するには，家族支援だけでは限界があります。今後は，地域全体で支える体制づくりが必須です。ひきこもり本人や家族が関わる地域のアセスメントと変容を目指さなければいけません。

　COVID-19の影響も無視できません。COVID-19によって最も求められるようになったのがオンライン支援です。本書の内容は構造化されているため，比較的オンライン化しやすい内容です。こうした強みを生かして，新しい生活様式に対応したひきこもり支援を構築していく必要があります。

　改訂版の出版においても，金剛出版代表取締役立石正信氏に多大なるご尽力を頂きました。根気強く支えてくださったことに心より感謝申し上げます。

　令和3年4月

境　泉洋

まえがき

実は，子どもに接するのが怖いんです

　ひきこもりが長期化すると，家族はこのような心境に追い込まれていきます。ひきこもりが長期化する背景には，お子さんにどのように接したらいいのかが分からない家族の苦悩が存在しているのです。

　ひきこもりのお子さんの家族は，必ずしも問題のある家族ではありません。むしろ，常識的であるからこそ，ひきこもりのお子さんに柔軟な対応ができないのです。ひきこもりからの回復は，常識との上手な付き合い方を身につけるプロセスでもあります。常識に囚われても動けなくなるし，常識を放棄しても回復への動機づけは高まらないのです。

働いたら負けだ

　ひきこもりから抜け出せない若者の中には，このような考えを持っている人がいます。常識的な人であればあるほど，このような考えを理解することは困難でしょう。

　若者がこのような考えを抱く背景には，容易には就職できない，働けても過酷な環境での辛い日々に耐えられないといった，今日の若者がおかれる現実があります。このような考えを抱く若者は，自身のあらゆる努力が報われない現実，今日の社会に対して心を閉ざしてしまっているのです。

　子どもに接するのが怖いという家族も，働いたら負けだと考えている若者も，努力が報われない現実に絶望しているという点では同じです。

　努力が報われなかったとき，人は無気力になり，問題に向き合う動機づけが高

まりません。このような状況において必要なことは，方法を間違わなければ現状は打開できるという希望です。

家族が来ても話を聴いてあげることしかできないんです

ひきこもりの家族支援の経験が少ない支援者の中には，このように感じている人が少なくありません。話を聴いてあげることしかできないという行き詰まりを感じているのです。

行き詰まりを感じている支援者に必要なのは，効果的な支援方法を，体系的，具体的に学ぶことです。このプログラムでは，現状の理解を深め，その上で現状を打開するための具体的な方法について実践を通して学んでいきます。

このプログラムの特徴は，概念的ではなく具体的に学んでいく点です。筆者は概念的な支援を「キャッチフレーズ支援」と呼んでいますが，このプログラムは「キャッチフレーズ支援」とは一線を画しています。

このプログラムの元となっているCommunity Reinforcement and Family Training（コミュニティ強化と家族訓練：以下，CRAFT）プログラムは，依存症者の家族のためのプログラムです。ひきこもりと依存症は関係ないと思われるかもしれませんが，家族が最初に支援に来ることや，本人と家族の間に共依存が存在することなど，多くの共通点があります。こうしたことから，CRAFTプログラムは，ひきこもりの家族支援としての応用が期待されており，厚生労働省が作成したひきこもりの評価・支援のガイドライン（齊藤，2010）においても取り上げられています。

本書を通して，絶望の淵にある家族が若者と社会をつなげる方法を体系的，具体的に学び，希望を見出せるようになることを切に願っています。

本書の出版に際しては，金剛出版の立石正信氏に多大なるご尽力を頂きました。立石氏には，CRAFTの訳本の出版から担当をしていただいています。これまでのお力添えに，ここに記して心より感謝申し上げます。

平成25年7月12日

著者を代表して　境　泉洋

目　次

第1回　ひきこもる人と共に生きていくために 19

第2回　問題行動の理解 35

第3回　暴力的行動の予防 65

オプション2 | 支援者向け | 発達障害がある場合のポイント 233

CRAFT
ひきこもりの
家族支援
ワークブック
［改訂第二版］

共に生きるために
家族ができること

第 **1** 回

ひきこもる人と 共に 生きていくために

1. プログラムについて

　このプログラムでは，ひきこもる人と共に生きていくために家族ができることについて学びます。

　ひきこもりのことで相談に訪れる人のうち，ひきこもっているお子さんから相談が寄せられる割合はわずか6.6％ですが，家族から相談が寄せられる割合は72.2％にも上ります（地域精神保健活動における介入のあり方に関する研究班，2003）。つまり，ひきこもり支援においては，お子さんへの直接的なアプローチが難しいため，まずは支援の実現可能性の高い家族，特に親への支援が重要になります。

　このプログラムでは，親をはじめとした家族を「ひきこもり支援の中核を担う人」と位置づけています。このプログラムは，家族のためのプログラムであることを意識してください。

　このプログラムでは，3つのことを目的としています。重要な順番に記載されていますので，まずは一番目の目的から達成していきましょう。

①家族自身の負担を軽減する

　これまでの調査から，ひきこもる人の家族の多くはストレスを強く感じていることが分かっています（植田ら，2004）。こうした，負担が家族に気持ちのゆとりを失わせ，冷静な対応ができなくなる理由になっていると考えられます。お子さんに対して適切な対応をするためには，家族自身が健康な状態を維持していることが重要です。

　家族のストレスが高くなる背景には，家族がひきこもりを過度に否定的にとらえることと，お子さんへの

対応に自信が持てないことが影響しているとされています（境ら，2009；境・坂野，2009）。したがって，ひきこもっているお子さんの心理を理解して，ひきこもりを過度に否定的にとらえないようにするとともに，お子さんへの適切な対応の仕方を身につけ，家族が自信を取り戻すことが重要です。

しかし，ひきこもっていることをまったく否定的にとらえていなければ，家族が相談に来ることもなくなります。ひきこもりを否定的にとらえることは，家族が相談に訪れる動機づけにもなっているのです。つまり，重要なのはひきこもりを否定的にとらえる程度を適度な強さに調整することです。

②家族関係を改善する

このプログラムでは，お子さんのさまざまな問題行動への適切な対応方法を学んでいきます。適切な対応をするためには，良好な家族関係が必要となります。良好な家族関係を築くには，家族が気持ちにゆとりを取り戻すことが重要です。家族関係を改善することで，問題行動を減らし，適応的な行動を増やすために必要なコミュニケーションをとれるようになることを目指していきます。

③お子さんの相談機関の利用を促進する

ひきこもり状態にある人は，医療機関などの相談機関につながっていない人が多く（境ら，2013など），そうした人は，より多くの困難を抱えていることが分かっています（Kondo, et al., 2013）。また，ひきこもり状態にある人は，何らかの精神障害を抱えている可能性があるため（Kondo, et al., 2013），必要に応じて医療につなげることが重要です。

特に，ひきこもりと発達障害の関連が多くの研究から指摘されています。発達障害の診断を受けている，もしくは疑いがある場合については，オプション2「発達障害がある場合のポイント」（233ページ）を参照してください。

お子さんの相談機関の利用を促すには，タイミングが重要です。お子さんが相談機関の利用に興味を示している様子があれば，すぐに相談機関を利用する準備をしてください。相談機関を利用する準備については，プログラムの第9回を参照してください。

● プログラムの有効性に関する科学的根拠

このプログラムは，認知行動療法という心理療法の技法に基づいて行われます。このプログラムを作成するにあたって参考とした研究では，次のような結果が得られています。

①物質依存に陥った人を相談につなげるために，その家族を対象に行われた，CRAFT（コミュニティ強化と家族訓練：Community Reinforcement and Family Training）と書いて「クラフト」と呼ばれる認知行動療法プログラムでは，参加した家族の約70％が物質依存に陥った人を相談につなげることに成功しています。また，CRAFTに参加した家族は，物質依存に陥った人との関係が改善しています。さらに，物質依存に陥った人が相談機関につながるか否かに関係なく，CRAFTに参加した家族は，自身の心理的健康度を改善させることができています（Smith & Meyers, 2004）。
②ひきこもり状態にある人の家族を対象として，CRAFTの基礎理論になっている行動理論に基づ

いたプログラムを実施した結果，家族のストレス反応の低減などの効果が認められています（境・坂野，2010）。

③ひきこもり状態にある人の家族を対象とした効果研究を用いて，CRAFTによる効果を検討したところ，受療に至った割合は30.8％，社会参加に至ったケースを含めると61.5％であったことが明らかにされています（野中・境，2015）。

上記以外にも，野中・境（2015）の報告によると，CRAFTプログラムに参加することで，家族関係の改善がみられることや，短期のCRAFTプログラムでも一定の効果が得られることが示されています。

2. ひきこもりのメカニズム

このプログラムを始める前に，ひきこもりのメカニズムについて理解をしておきましょう。まずは，ひきこもりからの回復過程について説明し，その後，ひきこもりからの回復過程を支える家族関係の回復過程について説明していきます。

ひきこもりからの回復過程を図1に示しています。

人が経験する出来事には，楽しい出来事とつらい出来事があります。つらい出来事がないのが楽しい出来事であると考えるかもしれませんが，つらい出来事と楽しい出来事は対極にあるものではありません。つらい出来事と楽しい出来事が共に存在する状態があります。したがって，楽しい出来事とつらい出来事は独立した体験であると考えることができます。

こうした楽しい出来事とつらい出来事は独立してい

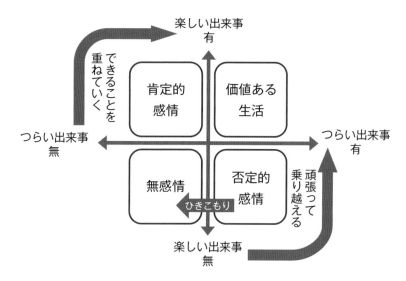

図1　ひきこもりからの回復過程

るという観点から，ひきこもり支援では，図1の右上にある「価値ある生活」を目指します。「価値ある生活」とは，自分の価値観に沿って自分らしく自立した生活を送ることを言います。「価値ある生活」とは，楽しい出来事だけがある生活ではありません。また，つらい出来事だけがある生活でもありません。「価値ある生活」とは，楽しい出来事とつらい出来事の両方がある生活のことを言います。ひきこもり支援では，楽しいこと，つらいこと，その両方がありながらも自分の価値に沿って，自立した生活を送れるようになることを目指します。

　一方，ひきこもりとは，つらい出来事から生じる否定的感情を避ける行動と言えます。ひきこもっているお子さんは，否定的感情を避けているだけで，楽しいといった肯定的感情を体験しているわけではありません。つまり，ひきこもっているお子さんは，否定感

情を回避しているだけで，肯定的感情があるわけでも
なく，何もない「無感情」の状態にいると言えます。

　「無感情」の状態から「価値ある生活」を目指す場
合，多くの人はつらい出来事を克服した後に楽しい出
来事を体験できるようになると考えます。この考えは，
つらい出来事を「頑張って乗り越える」ことができた
人だけが，価値ある生活を手に入れることができると
いう考え方です。

　しかし，ひきこもっているお子さんの中には，「頑
張って乗り越える」ことのできない人がいます。それ
は，度重なる失敗や長期にわたるひきこもりのために
経験が不足しており，深刻な自信喪失，体力喪失の状
態に陥っているからです。つまり，ひきこもっている
お子さんに，「頑張って乗り越える」ことだけを求めて
しまうと，お子さんのやる気を引き出すことができず，
お子さんとの関係が悪化してしまいます。

　ひきこもりから「価値ある生活」を目指すには，楽
しい出来事を体験することから始めるのが効果的です。
否定的感情は，人の視野を狭めさせ，萎縮させてしま
います。それに対して，肯定的感情は，視野を広げさ
せ，緊張を緩和する効果があります（島井，2006）。
肯定的感情による視野の広がりや，緊張の緩和が，好
奇心や新たなことへの挑戦の足掛かりになります。ひ
きこもりからの回復においては，ひきこもっているお
子さんが肯定的感情を体験できるように，「できること
を重ねていく」ことが重要となります。

　「できることを重ねていく」という経過の中で，成功
体験を積んで自信を回復し，新たなことに挑戦しよう
というやる気が芽生えてきます。「できることを重ねて
いく」中で自信を回復した後であれば，自分の価値に
沿って行動するために，多少の困難があったとしても

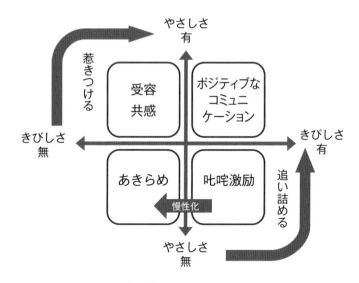

図2　家族関係の回復過程

それに耐えて，乗り越えるための自信とやる気が備わっています。

　ひきこもりの回復においては，「頑張って乗り越える」のではなく，「できることを重ねていく」ことが重要です。

　図2は，ひきこもりからの回復過程を支える，家族関係の回復過程を表わしたものです。人間関係のパターンは「やさしさ」と「きびしさ」という概念で分けることができます。ひきこもりのお子さんへの家族のかかわり方を例にとるならば「やさしさ」とは，母親的なかかわり方です。一方，「きびしさ」とは，父親的なかかわり方です。

　「やさしさ」と「きびしさ」は，対極となるかかわり方ではありません。つまり，きびしくないかかわり方が，やさしいかかわり方ではないということです。「やさしさ」と「きびしさ」を両方持ち合わせたかかわり

方があります。したがって，「やさしさ」と「きびしさ」は独立したかかわり方としてとらえることができます。

　家族関係においては，図２の右上にある「ポジティブなコミュニケーション」を目指します。「ポジティブなコミュニケーション」とは，「やさしさ」と「きびしさ」がバランスよく使い分けられたコミュニケーションのことを言います。このプログラムでは，やさしくて，きびしい，メリハリのあるコミュニケーションを目指します。

　慢性化したひきこもりにおいては，家族関係が「あきらめ」の状態に陥ることが多くあります。こうした「あきらめ」の境地に至るのには，繰り返しの「叱咤激励」が奏功せず，家族もどうしたらいいか分からなくなってしまうという理由があります。

　家族はなぜ，ひきこもっているお子さんを「叱咤激励」するのでしょうか？　それは，先のひきこもりの回復過程でも述べたとおり，多くの人が陥ってしまう「頑張って乗り越える」という考えにとらわれているためです。ひきこもっているお子さんのために相談に来る家族の多くは，お子さんのことを大切に思いやることができる，やさしくて，社会的にも自立した人です。そうした家族の多くは，多少の困難にはめげず，「頑張って乗り越える」ということを実践してきた自負があります。そして，この「頑張って乗り越える」という考えは，日本の世間一般の人に受け入れられやすい「普通の考え」でもあります。

　ひきこもりが始まった当初，「叱咤激励」をすることは必ずしも悪いことではありません。ひきこもったお子さんも，「頑張って乗り越える」ことの大切さを感じているものです。しかし，重要なのは，ある程度「叱咤激励」をしてもひきこもっているお子さんが動けそ

うにないときは，「叱咤激励」をやめて違うかかわり方
をすることです。

　しかし，家族の多くは，ひきこもったお子さんに対
して，「叱咤激励」以外の接し方を知りません。なぜな
ら，ほとんどの家族は，「叱咤激励」以外の接し方を学
ぶ機会がなかったからです。そして何よりも，家族自
身が，自分自身を「叱咤激励」して生き抜いてきた人
たちだからです。だからこそ，「叱咤激励」をやりつく
した末に，「あきらめ」の境地に至ってしまうのです。

　「あきらめ」の境地から「ポジティブなコミュニ
ケーション」に至るには，「受容，共感」から始める
ことが効果的です。ひきこもっているお子さんに「受
容，共感」を示すことで，信頼関係を回復し，心を開
いてもらい，お子さんの心を「惹きつける」ことが重
要となります。

　ひきこもりのお子さんに「受容，共感」を示す上で，
「受容，共感」と許容の違いを理解しておく必要があり
ます。「受容，共感」とは相手の気持ちに理解を示す
ことです。許容とは，相手の行為を許すことです。た
とえば，お子さんが親を殴りたいと言ったとき，殴っ
てよいと許すことが許容で，殴りたいほど怒っている
という気持ちに理解を示すのが「受容，共感」です。
大事なのは，行為を許容することではなく，気持ちに
「受容，共感」を示すことです。

　しかし，「受容，共感」だけでは，ひきこもりのお子
さんとしっかり向き合った「ポジティブなコミュニ
ケーション」をとることはできません。十分な「受容，
共感」によって信頼関係を回復した上で，必要最小限
の「叱咤激励」を行うことが効果的です。信頼関係が
できているときの必要最小限の「叱咤激励」は，ひき
こもっているお子さんにも受け入れられやすく，背中

を後押しする効果があります。

　このように，家族関係の回復では，「やさしさ」の後に必要最小限の「きびしさ」を示すという順番が重要です。この順番に沿ってかかわることができるような気持ちのゆとり，知識，技術を身につけることがこのプログラムの目的です。

3. プログラムの概要

表1　プログラムの内容

第 1 回	ひきこもる人と共に生きていくために
第 2 回	問題行動の理解
第 3 回	暴力的行動の予防
第 4 回	家族自身の生活を豊かにする
第 5 回	安心できる関係づくり
第 6 回	ポジティブなコミュニケーションスキルの獲得
第 7 回	上手にほめて望ましい行動を増やす
第 8 回	先回りをやめ，しっかりと向き合って望ましくない行動を減らす
第 9 回	相談機関の利用を上手に勧める
第10回	プログラムを終えてからの支援
オプション1	"かなり危険な状況" に備える
オプション2	発達障害がある場合のポイント

　このプログラムは10回から構成されています。第1回は導入，第10回はプログラム終了後についてです。第2〜9回は大きく3つの部分に分けることができます。第2回と第3回では，問題行動の背景にあるお子さんの気持ちを理解する方法を学びます。ポジティブなコミュニケーションで必要となる，受容と共感を示

すにはお子さんの気持ちの理解が必須となります。お子さんの気持ちを理解するために，「機能分析」という方法を学びますが，「機能分析」の習得が受容，共感の基礎となります。

　第4回は，家族の心理的負担を減らすことを目的にしています。しかし，この1回だけでは家族が抱えている大きな心理的負担を十分には解消できないかもしれません。第7回までのプログラムを通して，ひきこもりのお子さんと上手にかかわれるようになることで，家族の気持ちも楽になっているかもしれませんが，家族自身への支援が不十分であると考えられる場合は，このプログラム以外にも家族への支援を受けてください。たとえば，筆者らは，このプログラムの内容を補う方法として，各回のプログラムの最後にマインドフルネス・ストレス低減法（春木，2007）を実施しています。

　第5〜8回は，ポジティブなコミュニケーションを用いて，望ましい行動を増やし，望ましくない行動を減らす方法を学びます。この部分では，ポジティブなコミュニケーションによって信頼関係を回復し，上手にほめて望ましい行動を増やし，先回りをやめ，しっかりと向き合って望ましくない行動を減らす方法について学びます。

　コミュニケーションスキルは，実践しなければ身につきません。なぜなら，コミュニケーションは知識ではなく技能だからです。机に座りじっくり考えて，思い出しながらでも紙に書きだすことができれば知識は身についていることになります。しかし，技能はしかるべき状況でタイミングよく実行することで効果を発揮します。つまり，コミュニケーションにおいては，知識を技能として発揮するための実践が重要になります。

　しかし，多くの家族は，講演会などで頭に詰め込んだ知識を，ひきこもっているお子さんを目の前にすると，きれいさっぱり忘れてしまいます。これは，知識は増えていても技能は増えていない典型的な状況です。

　コミュニケーションという技能を身につけるには，実践が必須になります。実践練習の方法としてロールプレイというものがあります。ロールプレイでは，支援者にお子さん役になってもらい，コミュニケーションの練習をします。ロールプレイは，繰り返してやるほど効果があることが示されています（迎山・境，2017）。少なくとも，お子さんを相手に実行する前に，ロールプレイを3回はやっておくことをおすすめします。

　コミュニケーションを実践するには，まず失敗してもよい安全な状況で練習をするのが効果的です。コミュニケーションの練習をする場面は，家族がうまく対応できない苦手な場面です。苦手な場面なので，うまくいかなくても当然です。苦手な場面の練習をしたのに，周りから責められるような体験をすると，練習する意欲すら失ってしまいます。ですので，初めは失敗しても許される安全な場所で練習をしましょう。安全な場所としては，支援者や親しい友人，話しやすい家族などとの練習の場があげられます。まずは失敗してもよい状況で練習を重ねてから，ひきこもっているお子さんとの本番に臨みましょう。

4. プログラムを利用するにあたって

　このプログラムは，プログラム実施のための研修を受けた支援者と一緒に実践するとより効果的です。家族のみで実施される場合，家族とお子さんの安全を最

優先にして，無理のない実践を心がけてください。

　各回を進めるペースとしては，2週間に1回程度がよいと思います。何の変化のないまま1週間が過ぎることも多々ありますので，毎週だと実践が伴わないかもしれません。また，本プログラムの全体を終えた後も，学んだことを活かして月1回程度，支援者と1カ月の振り返りと今後の取り組みについて話し合う機会を持たれると良いと思います。

　直ぐに効果が出る場合ばかりではありませんので，まずは半年間は頑張ってみようという気持ちで取り組んでみてください。

振り返りシート ❶

以下の質問について，第1回で学んだポイントとして正しいものを（　　）の中に記入するか，もしくは正しい選択肢を○で囲んでください。（回答は巻末（p.264）に記載されています）

1. ひきこもり問題の解決には，家族の役割はほとんどない。

a. 正しい　　　**b.** 間違い

2. お子さんにうまく対応するには，家族がうまく対応できるという，

（　　　　　　　　　　）をもつことが大切である。

3. お子さんを受療につなげるためには（　　　　　　　）が大切だ。

4. このプログラムの3つの目的は，①（　　　　　　　　　）の負担の軽減，②

（　　　　　　　）の改善，③お子さんの（　　　　　　　　）の促進である。

5. お子さんが相談機関の利用に関心を示したら，じっくり考えてから受療につなげることが大切だ。

a. 正しい　　　**b.** 間違い

ホームワーク ❶

お子さんの気になる行動のリスト

次のシートを使って，お子さんの気になる行動のリストを作ってみましょう。お子さんの様子をよく観察することはとても大切なことです。第2回では，このシートに書いた内容を使います。

日　付	気になった行動
	例▷暴言を吐く

第**2**回

問題行動の
理解

1. はじめに

　第1回では，このプログラムの概要や支援における家族の位置づけと同時に，ひきこもりのメカニズムについて学びました。第1回で学んだことについて，実際にどの程度実践できたでしょうか。この点を知るために，以下の質問について0〜10の間で，「非常にできた」場合を10,「どちらでもない」場合を5,「全くできなかった」場合を0としたとき，あなたに最も当てはまる数字1つを○で囲んでください。

| 全くできなかった どちらでもない 非常にできた |

1. ホームワークを適切に行った

【 0 － 1 － 2 － 3 － 4 － 5 － 6 － 7 － 8 － 9 － 10 】

2. お子さんのできることについて考えた

【 0 － 1 － 2 － 3 － 4 － 5 － 6 － 7 － 8 － 9 － 10 】

3. お子さんを惹きつける接しかたについて考えた

【 0 － 1 － 2 － 3 － 4 － 5 － 6 － 7 － 8 － 9 － 10 】

2. ホームワークの復習

　第1回のホームワーク❶として「お子さんの気にな
る行動のリスト」を作りました。リストを作ってみ
て，気づいたことを以下に書き込んでみましょう。

　今回は，問題行動を理解する方法として「機能分
析」というものを学びます。家族関係を円滑にするに
は，信頼関係の構築が重要です。信頼関係を構築する
には，受容，共感が重要となりますが，その基礎とな
るのが相手の気持ちの理解です。今回は，相手の気持
ちを理解する方法として役に立つ，「機能分析」を学
びます。

> **行動することで何か良いことが起こったり，**
> **嫌なことがなくなったりすると，その行動は繰り返される。**

3. ひきこもりと関連のある問題行動

　ひきこもりと関連のある問題行動には，以下のようなものがあります。それぞれの問題行動の程度は，ひきこもり行動チェックリスト（Hikikomori Behavior Checklist: HBCL; 境ら（2004））というアンケートで測定することができます。

①攻撃的行動
　　「家族への暴力」,「乱暴なことを言う」といった身体的な暴力や攻撃的な発言をすること。
②対人不安
　　「他人の言動に対して神経質である」,「人の目を気にする」といった他者に対する恐怖や不安を感じること。
③強迫行動
　　「手洗いが長い」,「手を頻繁に洗う」といった強迫的な行為をすること。
④家族回避行動
　　「家族に気づかれないように行動する」,「食事を一緒にしない」といった家族との接触を避けること。
⑤抑うつ
　　「絶望感を口にする」,「自殺したいと訴える」といった憂うつな気分に関連する言動をすること。

⑥日常生活活動の欠如

「時間通りに行動しない」,「服を着替えない」といった日常生活活動が欠如していること。

⑦不可解な不適応行動

「親にベタベタ甘える」,「理由もなく笑っている」といった不可解な不適応行動をすること。

⑧社会不参加

「仕事に就いていない」,「友達がいない」といった社会参加をしていないこと。

⑨活動性の低下

「考えていることが分からない」,「将来のことについて話さない」といった活動性が低下していること。

⑩不規則な生活パターン

「昼夜逆転している」,「日常生活が不規則である」といった不規則な生活をしていること。

　ホームワーク❶で見つけた行動がHBCLで示されている問題行動に含まれていた人も多いと思います。では次に,ホームワーク❶で見つけた行動が「望ましい行動」と「望ましくない行動」のどちらに当てはまるかをワークシート❶を使って分類してみましょう。

　なお,「望ましい行動」とは,お子さんが現在行っている行動の中で,家族がもっとやってほしいと思う行動です。逆に,「望ましくない行動」とは,お子さんが現在行っている行動の中で,家族がもうやってほしくないと思う行動です。

　HBCLの内容を参考に,ホームワーク❶で書いたもの以外でも,思いついた行動があれば書き込んでいきましょう。

ワークシート ❶

望ましい行動と望ましくない行動の分類

望ましい行動	望ましくない行動
•	•
•	•
•	•
•	•
•	•
•	•
•	•
•	•
•	•
•	•
•	•

　このワークを踏まえて，次は，「望ましい行動」を見つける練習をしましょう。このワークで「望ましい行動」よりも「望ましくない行動」が多い場合は，ひきこもっているお子さんの悪い部分に注意が偏っている可能性があります。お子さんの行動を変えるのに，現在やっている行動をやめさせたり，現在やっていない行動をやらせたりするのは困難です。お子さんの行動を変えるには，今現在やっている「望ましい行動」を増やすのが効果的です。「望ましい行動」が増えれば，必然的に「望ましくない行動」は減ります。ですので，お子さんが現在やっている「望ましい行動」を見つけ，それを増やすようにしましょう。

4．望ましくない行動を見極める

　家族は，望ましくない行動に意識が向きがちなので，たくさんの望ましくない行動を見つけることができます。代表的な例としては，「仕事をしない」，「話をしない」，「ゲームをずっとやっている」，「暴力」等です。この中でどれが望ましくない行動であるのかを見極めておく必要があります。

　例の中で，「暴力」は絶対によくありません。暴力への対応方法については，「第３回　暴力的行動の予防」を参照してください。しかし，「仕事をしない」，「話をしない」，「ゲームをずっとやっている」という行動が，望ましくない行動であるかはしっかりと考える必要があります。

　まず理解して頂きたいのは，「仕事をしない」，「話をしない」は望ましくない行動ではないということです。これらのように，「○○しない」というのは行動ではな

いということを覚えておくとよいと思います。「仕事を
しない」というのは，「仕事をする」という望ましい行
動をしていない状態です。「仕事をしない」ということ
に意識が向きやすいですが，「仕事をする」ということ
につながる行動を増やすという視点が大事であるとい
うことです。

「ゲームをずっとやっている」は，確かに行動です。
しかし，ここでも「ゲームをする」ということが望ま
しくない行動かを見極める必要があります。なぜなら，
「ゲームをする」という行動は，ひきこもりの人だけで
はなく多くの人が行っていて，「ゲームをする」という
こと自体は望ましくない行動ではないからです。「ゲー
ムをする」という行動には，楽しい気持ちになるとい
う良い面もあります。

ひきこもりからの回復には，「楽しい」という肯定的
感情を大事にすることについてはすでに解説しました。
そういう意味では，ゲームはひきこもりから回復する
原動力の一つでもあります。

ゲームが問題になるのは，やり方が悪いときです。
良いやり方にするには，やり方のルールを作ることが
効果的です。ルールを作るには，家族とお子さんが
しっかりとコミュニケーションをとれる必要がありま
す。コミュニケーションをとること自体が難しい場合
は，本プログラムを通して，コミュニケーションの回
復から取り組んでください。

このように，家族の目につく行動が本当に望ましく
ない行動なのかを見極める視点を持てると，望ましく
ない行動がかなり限定されたものであることが分かる
と思います。

5. 望ましい行動を見つける

　望ましい行動を見つけるのにもコツがあります。その一つが，「○○しない」という問題行動の逆が望ましい行動ではないということを知ることです。たとえば，「仕事をしない」の逆は「仕事をする」です。仕事をするというのは，家族が「してほしい」行動でしかありません。大事なのは，お子さんが今やっている行動の中から見つけるということです。

　ひきこもりからの回復過程で見られる望ましい行動には，以下のような行動があることが分かっています（Nonaka, et al., 2018）。

①他者交流
　　他者を遊びに誘う
　　自分の気持ちを家族以外の人に伝える
②家庭
　　家族との話し合いに応じる
　　家族に話しかける
③価値
　　目標に向けた取り組みをする
　　達成感の得られることをする
④社会参加
　　仕事に行く
　　学校に行く

　これらはすべて「○○する」という表現になっていることをまず確認してください。
　①～④の行動の中で，ひきこもっている人が最も行う可能性が高いのは，「②家庭」に含まれる望ましい行

動であることが明らかにされています。このことは，ひきこもりからの回復過程において，最初に見つけられる望ましい行動は，家庭内での行動であることを意味しています。

　望ましい行動を見つける場合，現在のお子さんを基準にして，家庭内で起こっている望ましい行動を見つけるのが効果的です。「してほしい」行動に目が行きやすいのは，家族がお子さんを誰かと比較しているときです。その誰かとは，「同世代のお子さん」であったり，「家族自身の経験」であったり，「ひきこもる前のお子さん」であったり，「ひきこもっていなければ，今頃こうなっていたであろうお子さん」であったりします。いずれの比較も，お子さんの望ましい行動を見つけにくくしてしまう比較ですので，こうした比較はやめて，現在のお子さんを基準に望ましい行動を見つけていくようにしましょう。

6. コミュニケーションの悪循環を整理する

　今回は，Ａさんの例を使って「望ましくない行動」について理解する方法を学んでいきましょう。

　Ａさんは54歳の女性です。30歳になる息子のひきこもりの問題で悩んでいます。Ａさんの訴えはエピソード❶のようなものでした。

　息子は30歳になるのですが，自宅にひきこもって，私たち家族との会話もあまりありません。自宅にひきこもってから3年近くになります。このままではいけないという思いに駆られますが，焦らせてはいけないとそっとしています。

　ある日，息子が昼過ぎに起きてきたときに，「何もせずに家にいるんだから，朝ぐらい早く起きたら」と言ってしまいました。すると息子が，「うるさい，俺が何しようと勝手だろ！」と怒鳴りました。私は驚いてしまい，何も言えなくなってしまいました。

　それから息子の家族に対する暴言が続くようになりました。

　この話はコミュニケーションの悪循環を表している例です。コミュニケーションの悪循環は，なぜ起こるのでしょうか？　Aさんの例に沿って見ていきましょう。

　悪循環が起こる過程は，「きっかけ」，「反応」，「結果」という3つの部分からなります。

① 「きっかけ」
　「きっかけ」とは，「反応」が起こるきっかけとなる出来事のことです。Aさんの例では，息子さんに「何もせずに家にいるんだから，朝ぐらい早く起きたら」と言ったことが「きっかけ」になります。

② 「反応」
　「反応」とは，「きっかけ」に対してお子さんがとった行動のことです。Aさんの例では，息子さんが「うるさい，俺が何しようと勝手だろ！」と怒鳴ったことが「反応」になります。

③「結果」

「結果」とは，「反応」の後に起こった出来事のことです。例では，Ａさんが驚いてしまい，何も言えなくなってしまったことが「結果」になります。

「きっかけ」に対する「反応」は，「結果」によって影響を受けます。つまり，Ａさんの例では，息子さんの暴言に対してＡさんが驚いてしまい，何も言えなくなったことで，「息子さんの家族に対する暴言が続く」状態になったと言えます。また，その後の暴言という「反応」に対しても言いなりになるという「結果」が起こることで，新たな暴言という「反応」が継続していることになります。これらの関係を示したのが図3になります。

人がとる行動は，その「結果」においてメリット

図3　コミュニケーションの悪循環

が生じると増加し，デメリットが生じると減少します。たとえば，人が困っている状況において，その人を助けることで周りからほめられる経験をすると，人が困っているときに人を助ける行動が増加します。これは，人が困っているという「きっかけ」に対して，人を助けるという「反応」をしたときに，周りからほめられるというメリットが生じることで人を助けるという「反応」が増えていることになります。逆に，助けた人から迷惑そうな顔をされるというデメリットが生じると，同じ状況で人を助けるという「反応」は減少します。

　図3で示した「結果」が，次の行動の「きっかけ」になることがあります。つまり，「きっかけ1→反応1→結果1（きっかけ2）→反応2→結果2（きっかけ3）……」という連鎖です。この連鎖について，Aさんの違う例で見ていきましょう。Aさんの違う例はエピソード❷のようなものです。太字の部分が，先ほどの例とは違う部分です。

エピソード ❷

　ある日，息子が昼過ぎに起きてきたときに，「何もせずに家にいるんだから，朝ぐらい早く起きたら」と言ってしまいました。すると息子が，「うるさい，俺が何しようと勝手だろ！」と怒鳴りました。**ここでひいては息子のわがままを認めてしまうと思い「なんでそんなこというの！」と言い返しました。すると息子が壁を蹴って穴をあけてしまいました。**さすがにその時は驚いてしまい，何も言えなくなってしまいました。

この例を，「きっかけ」，「反応」，「結果」に分けて示したのが図4になります。

このように，コミュニケーションの悪循環は，「きっかけ」，「反応」，「結果」という3つの部分に整理して理解することができます。複雑に思えたコミュニケーションの悪循環も，この3つの部分だけで理解できます。

コミュニケーションの悪循環を，「きっかけ」，「反応」，「結果」の3つの部分に整理することで，「きっかけ」に対する「反応」の後に起こった「結果」が，その「反応」が繰り返されるかに影響を与えていることが理解できると思います。コミュニケーションの悪循環が理解できれば，どのようにすれば悪循環を断ち切ることができるかを考えられるようになります。

7. 機能分析とは

「機能分析」とは，「その行動がその人にとってどのような意味を持つかを理解する」ための方法です。「機能分析」によって，破壊的な行動をする理由，善意の行いを無視される理由，その行動が自分たちの関係性において何を意味しているのか，といったことを理解できるようになります。

このプログラムの「機能分析」では，きっかけを「外的きっかけ」と「内的きっかけ」に分けて考えます。「外的きっかけ」とは，誰からでも客観的に分かるきっかけです。そして，「内的きっかけ」とは，客観的には分からない，お子さんが行動をする直前に考えていたことや感じていた主観的なことです。「内的きっかけ」は客観的には分からないものですが，「内的きっかけ」を多角的視点から検討することが本プログラム

図4　「結果」が新たな「反応」の「きっかけ」になる

の目指すポジティブなコミュニケーションを行う上で重要となります。最初は分かりにくいかもしれませんが、「内的きっかけ」について考える練習から始めましょう。

　また、このプログラムの「機能分析」においては結果を「短期的結果」と「長期的結果」に分けて考えます。「短期的結果」とは、その行動をしている最中や行動をした直後にお子さんが体験していることです。「長期的結果」とは、その行動を続けているといずれお子さんがどんなことを体験することになるかということです。問題行動は、「短期的結果」ではお子さんにメリットがありますが、「長期的結果」においてはお子さんや周囲の人に何らかのデメリットが生じています。「長期的結果」におけるデメリットに関しては、特に、お子さんが同意するデメリットを見つけることが重要になります。

　機能分析を行うためのワークシート❷の記入方法（pp.48-49）には、ワークシート❷を作成する際に参考になる質問を示しています。質問に答える形でワークシート❷に記入してみてください。ワークシート❷の記入例（pp.50-51）には、Aさんのエピソード❶について機能分析を行った例を示しています。記入方法と例を参考にしながら、ワークシート❷を使ってお子さんの望ましくない行動の機能分析をやってみましょう。

　機能分析の記入方法に示されている質問は、すべてに答える必要はありません。考える際のヒントとして参考にしてください。特に、長期的結果においては、さまざまな観点が示されていますが、これらは考えるヒントとして示しています。これ以降、機能分析が度々出てきますが、同じ考えで取り組んでください。

8. 実践練習

　機能分析は，このプログラムの重要な位置を占めています。今回は，お子さんの「望ましくない行動」の一つについて機能分析をやってみましょう。

ワークシート ❷ **問題行動の機能分析**

問題行動	1. お子さんはどんな問題行動をしましたか？
	2. お子さんはその問題行動をどのくらい繰り返していましたか？
	3. お子さんはその問題行動をどのくらいの時間していましたか？

外的きっかけ	内的きっかけ
1. その問題行動をしているとき，お子さんは誰といましたか？	1. その問題行動の直前に，お子さんは何を考えていたと思いますか？
2. お子さんがその問題行動をした場所はどこですか？	2. その問題行動の直前，お子さんはどんな気持ちだったと思いますか？
3. お子さんがその問題行動をした時間帯はいつですか？	
4. その問題行動をする直前に，お子さんは何をしていましたか？	
5. その問題行動をする直前に，お子さんの周囲で何が起こっていましたか？	

分かったこと	1. 機能分析を行って，どんなことが分かりましたか？　外的きっかけ，内的きっかけ，短期的結果，長期的結果についてそれぞれ考えてみましょう。

短期的結果	長期的結果
1. お子さんはその問題行動をしたことで，どんなメリットを得ていましたか？ 2. お子さんはその問題行動をしている間，どんなことを考えていたと思いますか？ 3. お子さんは問題行動をしている間，どんな気持ちだったと思いますか？	1. その問題行動によってお子さんにどんなデメリットがあると思いますか？以下の，a~gの領域を参考に考えてみましょう。その後，デメリットの中でも，お子さんが同意すると思われるものに〇印をつけましょう。 **a**. 人間関係： **b**. 身体面： **c**. 感情面： **d**. 法律： **e**. 仕事： **f**. 金銭的： **g**. その他：

ワークシート ❷　問題行動の機能分析

問題行動	・「うるさい！　俺が何しようと勝手だろ！」と暴言を吐く ・眉間にしわを寄せて顔を真っ赤にする

外的きっかけ	内的きっかけ
・「何もせずに家にいるんだから，朝ぐらい早く起きたら」と私が言った ・私と一緒にいるとき ・本人の部屋で寝ているとき	・いつも同じこと言うな！　そんなこと分かってるわ！ ・余計なことを言わないでほしい ・イライラしている

分かったこと	・ 暴言のきっかけを私が作っている
	・ 暴言には息子なりの理由がある
	・ 暴言の後に私が黙ることで，メリットを得ている
	・ 暴言を繰り返すことで，私との関係が悪くなる

短期的結果	長期的結果
・ 私が黙る	⊙私との関係が悪くなる
・ 私がいなくなる	・ 自分の気持ちを冷静に伝えられなくなる
・ 私から嫌なことを言われなくなる	・ しばらくして後悔する
・ こう言ったらもう何も言わなくなるだろう	・ 血圧が上がる
・ 怒りをぶつけてすっとしている	・ 私から経済的な援助を受けられなくなる

ワークシート ② 問題行動の機能分析

問題行動	

外的きっかけ	内的きっかけ

分かったこと	

短期的結果	長期的結果

9. 機能分析を理解する上でのポイント

ワークシート❷の機能分析を踏まえて以下の点について考えてみましょう。

①外的きっかけ

Aさんのエピソード❶の機能分析から、息子さんの暴言のきっかけをAさんが作っていることが分かります。外的きっかけの分析から分かることは、問題行動の部分的責任がAさんにもあるということです。ここで重要なのは、責任の一部がAさんにあるのであって、すべての責任がAさんにあるわけでは無いということです。この部分的責任を受け入れることで、息子さんの守りの姿勢を和らげることができます。

②内的きっかけ

Aさんの例では、内的きっかけの分析から、暴言を吐くのには息子さんなりの理由があるということが分かります。この息子さんなりの理由に理解を示すことが、息子さんの守りの姿勢を和らげるのに役立ちます。こうした姿勢は、共感的理解や無条件の肯定的配慮と呼ばれるものです。

ここで重要なのは、問題行動をする気持ちに共感的理解や無条件の肯定的配慮を示すのであって、問題行動をすることを許容するわけではないということです。共感的理解や無条件の肯定的配慮は、気持ちへの受容、共感であって、行為を許容するものではありません。

③短期的結果

　Ａさんの例では，息子さんは暴言を吐くことでＡ
さんが黙るため短期的にメリットを得ていることが
分かります。このことが分かると，問題行動の後に
デメリットを与えればよいと考えるかもしれません。
しかし，デメリットを与えることで，お子さんは守
りの姿勢をさらに強めてしまう可能性があります。
ここでまずできるのは，お子さんが問題行動をする
ことで短期的にメリットを得ていることに理解を示
すことです。

④長期的結果

　Ａさんの例では，長期的結果の分析から，問題行
動によって母親との関係が悪くなるという息子さん
が同意できるデメリットが生じることが分かります。
長期的に起こりうる息子さんが同意するデメリット
について話し合うことで，息子さんに自省を促すこ
とができます。

　このような機能分析による問題行動の理解は，ポジ
ティブなコミュニケーションの基礎となります。実践
を通して，機能分析の観点からお子さんの行動を理解
する習慣を身につけていきましょう。

振り返りシート ❷

以下の質問について，第2回で学んだポイントとして正しいものを（　　）の中に記入するか，もしくは正しい選択肢を○で囲んでください。（回答は巻末（p.265）に記載されています）

1. コミュニケーションの悪循環が起こる過程は，（　　　　　　），

（　　　　　　），（　　　　　　　）という3つの部分からなる。

2. 機能分析は，（　　　　　　　　），（　　　　　　　　），問題行

動，（　　　　　　　　），（　　　　　　　　）の5つの要素か

らできている。

3. 機能分析において，お子さんが問題行動をすることで生じるデメリットを

見つけるとき，お子さんが実際にデメリットだと思っているかどうかはあ

まり重要ではない。

　　　　　　　　　　　　　　　　　　　a. 正しい　　**b.** 間違い

ホームワーク❷　問題行動の機能分析

機能分析は，お子さんの行動を理解するために重要です。今回は，ワークシート❶の
「望ましくない行動」の中から１つ選び，その行動について機能分析をしてみましょう。

問題行動	

外的きっかけ	内的きっかけ

分かったこと	

短期的結果	長期的結果

第**3**回

暴力的行動の
予防

1. はじめに

第2回では，機能分析を使ってお子さんの問題行動を理解する方法を学びました。学んだことについて，実際にどの程度できたでしょうか。この点を知るために，以下の質問について0〜10の間で，「非常にできた」場合を10，「どちらでもない」場合を5，「全くできなかった」場合を0としたとき，あなたに最も当てはまる数字1つを〇で囲んでください。

全くできなかった どちらでもない 非常にできた

1. ホームワークを適切に行った

【 0 － 1 － 2 － 3 － 4 － 5 － 6 － 7 － 8 － 9 － 10 】

2. お子さんの問題行動の「きっかけ」が何かを検討した

【 0 － 1 － 2 － 3 － 4 － 5 － 6 － 7 － 8 － 9 － 10 】

3. お子さんの問題行動の「結果」が何かを検討した

【 0 － 1 － 2 － 3 － 4 － 5 － 6 － 7 － 8 － 9 － 10 】

4. お子さんの問題行動がどのような悪循環を招いているかを検討した

【 0 － 1 － 2 － 3 － 4 － 5 － 6 － 7 － 8 － 9 － 10 】

2. ホームワークの復習

　第2回では，ホームワーク❷として問題行動の機能分析をしました。機能分析をして，気づいたことを以下に書き込んでみましょう。

_____

_____

_____

　今回は，第2回で行った機能分析の方法を活かして，暴力的行動を予防する方法について学んでいきます。

　ひきこもりの人を抱える家庭のうち，19.8%で家庭内暴力があると言われています。家庭内暴力の対象の多くは母親で，暴力の程度は病院の治療が必要ではない程度であるという特徴があります（近藤ら，2008）。そのため，母親は治療を受けることもせず，周囲も気づきにくいため，暴力が家庭内に隠蔽されてしまうものと考えられます。暴力的行動がある場合，家族からの働きかけは困難になり，ひきこもりの悪化につながるという悪循環，さらには家族の身に危険が及ぶこともあります。そのため，暴力的行動を予防することが極めて重要となります。

> **暴力的行動を予防することは，**
> **家族の安全を守る大前提となる。**

3. 暴力的行動の悪循環を整理する

　今回は，Bさんの例を使って，暴力的行動について
理解する方法を学んでいきましょう。

　Bさんは58歳の女性です。29歳になる息子のひきこ
もりの問題に悩んでいます。Bさんの訴えは以下のよ
うなものでした。

エピソード❸

　息子は29歳になるのですが，自宅にひきこもって家族とのコミュニケー
ションもあまりありません。自宅にひきこもってから4年以上になります。
このままではいけないという思いに駆られますが，焦らせてはいけないと
そっとしていました。

　しかし，ある日，息子がパソコンでゲームをしているときに，ふと将来の
ことが不安になり，「将来どうするの？　少しはこれからのことを考えたら」
と言ってしまいました。すると息子は「うるさい！」と怒鳴りながら壁を
蹴って穴をあけてしまいました。私は驚いてしまい，何も言えなくなってし
まいました。

　Bさんの例をきっかけ，反応，結果に分けて整理す
ると図5のようになります。この例についてワーク
シート❸を使って機能分析をしてみましょう。暴力的
行動の機能分析は，第2回で行った機能分析とほぼ同
じですが，内的きっかけのところに，「赤信号」と書い
てある点が異なります。「赤信号」とは，暴力的行動
をする直前にお子さんがやっていることで，暴力的行
動の兆候になるお子さんの様子です。

図5　暴力的行動の分析

4. 実践練習

　ワークシート❸を使ってお子さんの暴力的行動について機能分析をしてみましょう。これまでに暴力的行動がない場合は，これからお子さんに働きかけることで起こりうる暴力的行動を想定して分析してみましょう。ワークシート❸の記入方法（pp.70-71）を踏まえてＢさんの例を機能分析したものをワークシート❸の記入例（pp.72-73）に示していますので参考にしてください。

ワークシート ③ **暴力的行動の機能分析**

暴力的行動	**1.** いつもお子さんはどういう暴力的行動をしますか？

外的きっかけ	内的きっかけ
1. 暴力的行動をしたとき，お子さんは誰といましたか？ **2.** お子さんはいつもどこで暴力的行動をしますか？ **3.** 暴力的行動をするのは，いつもどの時間帯ですか？ **4.** 暴力的行動の直前にあなたがよく言っていることはどんなことですか？	**1.** お子さんは，暴力的行動の直前に何を考えていたと思いますか？ **2.** 暴力的行動の直前，お子さんはどんな気持ちだったと思いますか？ **赤信号** 暴力的行動の直前にお子さんがよく言っていることやしていることは何ですか？

分かったこと	1. 機能分析を行って，どんなことが分かりましたか？　外的きっかけ，内的きっかけ，短期的結果，長期的結果についてそれぞれ考えてみましょう。

短期的結果	長期的結果
1. お子さんは暴力的行動をすることで，どんなメリットを得ていますか？ 2. お子さんは暴力的行動をする間，もしくは直後にどんなことを考えていると思いますか？ 3. お子さんは暴力的行動をする間，もしくは直後にどんな気持ちだったと思いますか？	1. 暴力的行動によってお子さんにどんなデメリットがあると思いますか？ 以下の，a〜g の領域を参考に考えてみましょう。その後，デメリットの中でも，お子さんが同意すると思われるものに○印をつけましょう。 　a. 人間関係： 　b. 身体面： 　c. 感情面： 　d. 法律： 　e. 仕事： 　f. 金銭的： 　g. その他：

ワークシート ③　暴力的行動の機能分析

暴力的行動	・「うるさい！」と怒鳴りながら壁を蹴る

外的きっかけ	内的きっかけ
・ 私と一緒にいるとき ・ パソコンでゲームをしているとき ・ 「将来どうするの？　少しはこれからのことを考えたら？」と私が言った	・ いっつもうるせーな！　どうしようもないんだからしょうがないだろ！ ・ おれだって好きでこんな生活してるわけじゃない！ ・ 焦り ・ イライラしている 赤信号： ・ なにかブツブツつぶやいている ・ 「うるせーな」と言う ・ にらんでくる

分かったこと	・ 息子の気に障ることを私が言った
	・ 暴言の兆候がある
	・ 暴言を吐くことで，息子はすっきりしている

短期的結果	長期的結果
・ 怒りをぶつけることができた	・ しばらくの間，私に話しかけられなくなる
・ 私を黙らせることができた	・ 足をケガする
・ こう言ったらもう何も言わなくなるだろう	・ 私がとても動揺しているのを見て心配になる
	⊙ 親に見損なわれる
	・ 後悔する
	・ 息子がケガをしたら病院に行かないといけなくなる
	・ 近所の人に通報されて捕まる
	・ 仕事を探すときに親から協力を得られなくなる
	・ 親から経済的な援助を受けられなくなる
	・ 血圧が上がる

ワークシート ③ 暴力的行動の機能分析

暴力的行動	

外的きっかけ	内的きっかけ

分かったこと	

短期的結果	長期的結果

5. 暴力的行動の機能分析を理解する上での
   ポイント

　ワークシート❸の機能分析を踏まえて，以下の点に
ついて考えてみましょう。

①外的きっかけ

　Ｂさんの例の機能分析から，息子さんがパソコン
でゲームをしているときに，Ｂさんが「将来どうす
るの？」と息子さんの気に障ることを言ったという
ところにＢさんの部分的責任があると分かります。
また，こうした暴力的行動が起こる場面は，Ｂさん
と二人の場面であることが分かります。

②内的きっかけ

　Ｂさんの例の機能分析から，息子さんが「いつも
うるせーな！」と考えていること，焦りやイライラ
を感じているであろうことが分かります。こうした
内的きっかけに受容，共感を示すことができます。

　また，赤信号の分析から，息子さんが何かブツブ
ツつぶやいていたり，「うるせー」と言ったときは，
それ以上刺激をせずに，息子さんが冷静になるまで
安全な距離を保つことで暴力的行動が起こる可能性
を減らすことができます。こうした「赤信号」が見
られたら，それ以上刺激しないように距離を置くこ
とが重要です。

③短期的結果

　Ｂさんの例の分析から，Ｂさんに怒りをぶつけて
すっきりする，Ｂさんを黙らせることができる，自
分をいらだたせるようなことをＢさんが言わなくな
るだろうと思える，といったメリットを息子さんが

経験していることが分かります。こうした短期的な
メリットによって暴力的行動が維持されていること
が分かります。

④長期的結果

　Bさんの例の機能分析から，こうした暴力的行動
を続けることで生じるであろうデメリットを明確に
することができます。例に挙げられたデメリットの
中でも，息子さんが同意するものがあれば，それに
言及することで，暴力的行動をやめた方がメリット
が大きいことを理解してもらうことができます。前
回も述べたように，長期的結果におけるデメリット
に関しては，息子さんが同意するものであることが
重要です。

6. 暴力的行動へのタイムアウト

　「タイムアウト」は，暴力的行動をはじめとした望
ましくない行動を減らすのに効果的な方法です。「タイ
ムアウト」では，「強化子」というものを取り除く方
法を使います。「強化子」とは，その人が「楽しい
（快い）」と感じる刺激のことです。人は行動をするこ
とで「強化子」を得るというメリットがあると，その
行動を繰り返す可能性が高くなります。

　暴力的行動への「タイムアウト」の例としては，家
族と話すことがお子さんの「強化子」になっている場
合に，暴力的行動が起こったら，家族がお子さんから
離れるという方法があります。その場を離れるときは，
「あなたを怒らせたみたいだから，落ち着くまで別の部
屋に行っておくね」というような言葉をかけるとより
よいでしょう。

暴力的行動をはじめとした望ましくない行動を減らす方法として，叱るなど，罰を与える方法があります。しかし，罰を与える方法はお子さんへの負担が大きく，思わぬ反発を招くことがあるため好ましくありません。罰を与えるのではなく，「強化子」を取り除く「タイムアウト」という方法であれば，お子さんへの負担も少なく，家族も安心して実行できるメリットがあります。

「タイムアウト」において取り除く「強化子」は，以下のようなポイント❶を満たすことが望まれます。

ポイント ❶ 「タイムアウト」に使いやすい強化子のポイント

1. お子さんにとって価値があり，取り除いたら不自由するもの
2. お子さんが望ましい行動をしたときに，家族が再び勧めたいもの
3. 家族が，容易に取り除けるもの
4. 家族が，安全に取り除けるもの
5. 問題行動が起こった直後に，家族が取り除けるもの

取り除く強化子として，上記に当てはまるものはあるでしょうか？　あてはまるものをワークシート❹に書き出してみましょう。

ワークシート ❹

「タイムアウト」に使いやすい「強化子」

- ＿＿＿＿＿＿＿＿＿＿＿＿＿
- ＿＿＿＿＿＿＿＿＿＿＿＿＿
- ＿＿＿＿＿＿＿＿＿＿＿＿＿
- ＿＿＿＿＿＿＿＿＿＿＿＿＿
- ＿＿＿＿＿＿＿＿＿＿＿＿＿
- ＿＿＿＿＿＿＿＿＿＿＿＿＿

- ＿＿＿＿＿＿＿＿＿＿＿＿＿
- ＿＿＿＿＿＿＿＿＿＿＿＿＿
- ＿＿＿＿＿＿＿＿＿＿＿＿＿
- ＿＿＿＿＿＿＿＿＿＿＿＿＿
- ＿＿＿＿＿＿＿＿＿＿＿＿＿
- ＿＿＿＿＿＿＿＿＿＿＿＿＿

　ワークシート❹をやってみて気づいたかもしれませんが，「タイムアウト」において取り除く「強化子」として最も適しているのは「家族」です。この意味で，「家族」がお子さんの「強化子」になっていることは暴力的行動をはじめとした望ましくない行動を効果的に減らす上で大切な条件となっています。つまり，望ましくない行動を効果的に減らすには，お子さんと家族との良好な関係が重要になるということです。

　ワークシート❹に挙げたような「タイムアウト」に適した「強化子」を，お子さんが暴力的行動をはじめとした問題行動をした後に取り除くことになります。ポイント❷には，タイムアウトを行うときのコツを示しています。

ポイント ❷　タイムアウトのポイント

1. お子さんが「タイムアウト」をやめるよう頼んでも，速やかに実行しましょう。

2. 危険なものや，壊されては困るものなどはあらかじめ取り除いておきましょう。

3. お子さんが落ち着いてから10分ぐらいのタイミングで「タイムアウト」をやめましょう。

4.「タイムアウト」の後に説教はやめましょう。

5.「タイムアウト」の後にお子さんが望ましい行動をしたら，それを認めてあげましょう。

7．深刻な暴力から身を守る方法

　ワークシート❸で行った暴力的行動の機能分析の目的は，機能分析で得られた情報を生かして，今後起こりうる暴力的行動を防ぐ方法を見出すことにあります。上手に暴力的行動を回避するためには，まず第一に，家族が暴力的行動の「赤信号」に気づいて安全なところに行く「タイムアウト」を行うか，暴力的行動を引き起こす「きっかけ」を最小限に抑えることが重要です。また，「赤信号」が見られているときに，嫌みを言うなどしてお子さんの怒りを増長させることは避ける必要があります。

　現在かなり危険な状況にあると考えられる場合は，早急にその状況から抜け出す「タイムアウト」を実行する必要があります。かなり危険な状況とは，入院や救急医療を必要とするほどの被害を家族が受けている場合やその恐れがある場合です。そういった場合には，

家族の安全を守ることを最優先にすべきです。そのため，一時的な避難場所を確保すること，必要な場合には法律に基づいた対応（警察への通報や裁判所への申し立て等）について知っておく必要もあります。緊急避難先としては，親戚や友人宅，ホテル，自宅以外のアパートなどが考えられます。

　暴力をはじめとした緊急事態の対応については，第3回だけではなく，オプション1「"かなり危険な状況"に備える」を参考にしてください。

振り返りシート ❸

以下の質問について，第3回で学んだポイントとして正しいものを（　　）の中に記入するか，もしくは正しい選択肢を○で囲んでください。（回答は巻末（pp.266-267）に記載されています）

1. 行動することで何か（　　　　　　　）ことが起こったり，（　　　　　　　）ことがなくなるとその行動は繰り返される。

2. 暴力的行動の機能分析の目的は，機能分析で得られた情報を生かして，今後起こりうる暴力的行動を防ぐ方法を見出すことである。

a. 正しい　　**b.** 間違い

3. タイムアウトとは，不適切な行動をとった直後に，お子さんの強化子を（　　　　　　　　）というテクニックである。

4. タイムアウトが終わった後に説教をするとよい。

a. 正しい　　**b.** 間違い

5. タイムアウトの後に，お子さんが望ましい行動をしたら，それを認めてあげることが大切だ。

a. 正しい　　**b.** 間違い

6. 取り除く強化子は，家族が容易に，かつ安全に取り除けるものがよい。

a. 正しい　　**b.** 間違い

7. 暴力的行動を回避するためには，家族が赤信号に気づいて，（　　　　　　　　）に行くか，暴力的行動を引き起こす（　　　　　　　　）を最小限に抑えることが重要である。

8. 現在かなり危険な状況にあると考えられる場合は，家族の安全を守ることを最優先にすべきである。

a. 正しい　　**b.** 間違い

ホームワーク ❸　**家族の行動に対する機能分析**

今回は，これまで学んだ機能分析の応用として，お子さんとうまくコミュニケーションがとれない状況の「家族の行動」について機能分析をしてみましょう。記入方法は，ワークシート❷の記入方法（pp.52-53）を参考にしてください。

家族の行動	

外的きっかけ	内的きっかけ

分かったこと	

短期的結果	長期的結果

第4回

家族自身の
生活を
豊かにする

1. はじめに

　第3回では，暴力的行動の理解と予防方法について学びました。第3回で学んだことについて，実際にどの程度できたでしょうか。この点を知るために，以下の質問について0〜10の間で，「非常にできた」場合を10，「どちらでもない」場合を5，「全くできなかった」場合を0としたとき，あなたに最も当てはまる数字1つを○で囲んでください。

全くできなかった どちらでもない 非常にできた

1. ホームワークを適切に行った

　【 0 － 1 － 2 － 3 － 4 － 5 － 6 － 7 － 8 － 9 － 10 】

2. お子さんの暴力的行動の「きっかけ」が何かを検討した

　【 0 － 1 － 2 － 3 － 4 － 5 － 6 － 7 － 8 － 9 － 10 】

3. お子さんの暴力的行動の「結果」が何かを検討した

　【 0 － 1 － 2 － 3 － 4 － 5 － 6 － 7 － 8 － 9 － 10 】

4. タイムアウトを行う理由を，お子さんにどのように説明するかを検討した

　【 0 － 1 － 2 － 3 － 4 － 5 － 6 － 7 － 8 － 9 － 10 】

5. お子さんが暴力的行動をしたときに，タイムアウトを行った

　【 0 － 1 － 2 － 3 － 4 － 5 － 6 － 7 － 8 － 9 － 10 】

6. 激しい暴力が起こった場合に身を守る方法を検討した

　【 0 － 1 － 2 － 3 － 4 － 5 － 6 － 7 － 8 － 9 － 10 】

2. ホームワークの復習

第3回のホームワーク❸として，お子さんとうまく
コミュニケーションがとれない状況の「家族の行動」
に対する機能分析を行いました。ホームワークをし
て，気づいたことを以下に書き込んでみましょう。

_____

_____

_____

_____

_____

今回は，家族自身の生活を豊かにする方法について
学びます。お子さんとの関係を改善させるためには，
家族自身が健康で落ち着いた状態でいることが重要で
す。第7回で学びますが，お子さんが動き出そうとす
るには，家族が楽しそうにしている姿を見せることが
きっかけになることがあります（p.153参照）。楽しそ
うな明るい雰囲気を作るためにも，家族自身が豊かな
生活をしていることが望まれます。

> **家族自身の生活を豊かにすることで，
> お子さんの問題に上手に対応できる。**

3. あなたの生活上の幸福感は？

　家族の生活上の幸福感を向上させるために，まず，現在の幸福感を知ることから始めましょう。ここでは，さまざまな生活領域の幸福感をみてみます。現在の家族の幸福感を知ることは以下のような2つの効果があります。

- お子さんとのかかわりだけでなく，さまざまな生活場面で，家族がどのように感じているかを把握することができます。
- 家族の幸福感を把握し，幸福感を向上させるための計画を立てる上で必要な情報を得ることができます。

　家族の生活を豊かにするということは，お子さんから離れるように言っているのではありません。家族が，自身の生活をお子さんのことと同等の優先事項にすることを提案しているものです。また，家族の生活を豊かにする新たな取り組みが，お子さんとの関係を脅かす可能性があるのであれば，お子さんの状態が安定しているかを確認しながら，慎重に進めていく必要があります。

　ワークシート❺では家族自身のことについて回答してください。たとえば「自分のひきこもり」という項目については，お子さんがひきこもっていることを隠すために，家族自身がひきこもりに近い生活をしていないかという視点から回答をしてください。他の領域に関しても，同様に家族自身がどう感じているかを回答してください。

ワークシート ❺

　以下の質問は，生活の10領域での現在の幸福感を検討することを意図していま
す。それぞれの領域を評価するときに，あなた自身に次のような質問をしてくだ
さい。

この領域では，私の生活はどのくらい幸せだろうか？

それぞれの領域について，もっとも当てはまる数字（1−10）を○で囲んでくだ
さい。あなたが今日どのように感じているかを正直に示してください。

注意──できるだけ**今日**のあなたの感情のみに集中してください。他の領域の影響を受けないようにし
てください。なお，<u>経験している／いないにかかわらず</u>今の状態の幸福感を回答してください。

	とても不幸せ								とても幸せ	
例▷飲酒	1	2	3	4	⑤	6	7	8	9	10
自分のひきこもり	1	2	3	4	5	6	7	8	9	10
仕事／学校	1	2	3	4	5	6	7	8	9	10
家計	1	2	3	4	5	6	7	8	9	10
社会活動	1	2	3	4	5	6	7	8	9	10
趣味	1	2	3	4	5	6	7	8	9	10
家族関係	1	2	3	4	5	6	7	8	9	10
法律問題	1	2	3	4	5	6	7	8	9	10
感情面のサポート	1	2	3	4	5	6	7	8	9	10
コミュニケーション	1	2	3	4	5	6	7	8	9	10
全体的幸福感	1	2	3	4	5	6	7	8	9	10

（Smith & Meyers（2004）を一部改変して引用）

4. 取り組む領域を決める

　ここでは，ワークシート❻を使って，それぞれの生活
領域のなかで，幸福感が低い領域に注目し，「幸せでな
い」と感じる領域の幸福度を高める活動を増やすこと
をしてみましょう。ワークシート❺の10領域のなかか
ら，取り組みたいものを選びましょう。まずは，「とて
も不幸せ（1, 2, 3）」に〇をつけたものを選ぶのではな

ワークシート❻

取り組む領域

その領域が幸福でないと感じる理由

く，幸福感の得点が「中程度（4, 5, 6, 7）」のものか
ら選択しましょう。取り組む領域を決めたら，その領
域がどうして幸福でないと感じるのかを考えてみま
しょう。

5. 目標を知る

　取り組む領域を決めたら，ポイント❸「目標を立て
るためのポイント」を参考に，目標を立てましょう。
立てる目標は，シンプルなものにすることが重要です。
たとえば，「家族とのコミュニケーションを増やす」
や「趣味の時間を持つ」といったことがあります。こ
こで重要なのは，あなた自身が「ときめき」「わくわ
く」する目標を立てることです。あなたの生活の中に
「ときめき」「わくわく」を取り戻すことがあなたの生
活を豊かにしてくれるのです。

ポイント❸　目標を立てるためのポイント

1. 簡潔で達成可能な目標にする
2. 自分でコントロールできる目標にする
3. あなた自身が「ときめき」「わくわく」する

```
┌─────────────────────────────────────────────┐
│                  目  標                      │
├─────────────────────────────────────────────┤
│                                             │
│                                             │
│                                             │
│                                             │
│                                             │
└─────────────────────────────────────────────┘
```

6. 目標に向かった行動を増やす

　家族の生活を豊かにするための目標を達成するための行動を見つけていきましょう。ポイント❹「生活を豊かにする行動を選択するポイント」を参考にしてできるだけたくさんの行動をワークシート❼に書き出してください。

　選択する行動は3つのポイントを満たしていることが望まれます。また，第7回に述べる短期的にも長期的にもメリットがある「楽しい行動」(p.152参照) を選ぶと実践もしやすくなるでしょう。

ポイント❹　生活を豊かにする行動を選択するポイント

1. 楽しめる，または，達成感がある
2. 容易に増やすことができる
3. 他の人（主に知り合いなど）とかかわるもの

7. 実行計画を立てる

　ワークシート❼において，選択した行動の中で，実施の手順が複雑なものについては，ワークシート❽を使って「行動」「手順」「期限」を検討しましょう。

　今回学んだ内容を活用して，家族の生活を豊かにすることで，お子さんにゆとりを持って穏やかに接することが大切です。今回の内容だけではご自身の気持ちのゆとりを取り戻すのには不十分であるという場合は，ご自身のことについて相談に乗ってもらう機会を作ることを検討されるとよいでしょう。

　ワークシート ❼

- ＿＿＿＿＿＿＿＿＿＿
- ＿＿＿＿＿＿＿＿＿＿
- ＿＿＿＿＿＿＿＿＿＿
- ＿＿＿＿＿＿＿＿＿＿
- ＿＿＿＿＿＿＿＿＿＿
- ＿＿＿＿＿＿＿＿＿＿

- ＿＿＿＿＿＿＿＿＿＿
- ＿＿＿＿＿＿＿＿＿＿
- ＿＿＿＿＿＿＿＿＿＿
- ＿＿＿＿＿＿＿＿＿＿
- ＿＿＿＿＿＿＿＿＿＿
- ＿＿＿＿＿＿＿＿＿＿

ワークシート❽

目標に向かった行動の実行計画

行　　　動	手　　　順	期　限
例▷友人（太郎，花子）と火曜の午後に食事に行く。	1. 今晩，太郎に電話をして，火曜に食事に行こうと誘う。 2. 明日，職場で花子に電話する。	2週間 8/10まで

振り返りシート ❹

以下の質問について，第4回で学んだポイントとして正しいものを（　　）の中に記入するか，もしくは正しい選択肢を○で囲んでください。（回答は巻末（p.268）に記載されています）

1. 家族自身の生活を（　　　　　　）ことで，お子さんの問題に上手に対応できる。

2. 家族自身の生活を豊かにするということは，お子さんから離れて放っておくということである。

a. 正しい　　b. 間違い

3. 目標を立てるときは，達成可能かどうかはとりあえず気にせずに，最も達成したい大きな目標を立てるとよい。

a. 正しい　　b. 間違い

4. 目標を立てるときは，自分で（　　　　　　）できる目標を選ぶとよい。

5. 目標に向かった行動を増やしていくとき，選ぶ行動は，家族が（　　　　　　）or（　　　　　　）行動で，（　　　　　　）とかかわりを持てるものがよい。

ホームワーク ❹の1 目標に向かった行動の実践

ワークシート❼で選択した行動を実践しましょう。できることから，継続的に行うことが大切です。

日　付	やったこと	充実度
例▷ 8/8 　　 9：00	夫に，「おはよう」といつもより明るい表情で言った	80%

ホームワーク ❹の❷　話ができるときとできないとき

以下のシートを使って，お子さんと話ができるときとできないときの違いについて考えてみましょう。2つの違いを比べることで，話がしやすいときのポイントが見えてくると思います。第5回で取り組む，「安心できる関係づくり」においても，記入した内容を使います。

話ができるとき	話ができないとき
・	・
・	・
・	・
・	・
・	・
・	・
・	・
・	・

第**5**回

安心できる
関係づくり

1. はじめに

第4回では，家族自身の生活を豊かにする方法を学びました。第4回で学んだことについて，実際にどの程度実践できたでしょうか。この点を知るために，以下の質問について0〜10の間で，「非常にできた」場合を10，「どちらでもない」場合を5，「全くできなかった」場合を0としたとき，あなたに最も当てはまる数字1つを〇で囲んでください。

全くできなかった ◀━━━ どちらでもない ◀━━━ 非常にできた

1. ホームワークを適切に行った

【 0 － 1 － 2 － 3 － 4 － 5 － 6 － 7 － 8 － 9 － 10 】

2. 生活を豊かにするための行動について考えた

【 0 － 1 － 2 － 3 － 4 － 5 － 6 － 7 － 8 － 9 － 10 】

3. 生活を豊かにするために選択した行動を実行した

【 0 － 1 － 2 － 3 － 4 － 5 － 6 － 7 － 8 － 9 － 10 】

2. ホームワークの復習

ホームワーク❹として，生活を豊かにする活動を実践してみて気づいたことを以下に書き込んでみましょう。

　ここからは，コミュニケーションスキルを改善させ
る方法について学んでいきます。お子さんとのコミュ
ニケーションに困難を抱えている家族は多くいます。
今回は，コミュニケーションの基礎となる安心できる
関係づくりについて学んでいきましょう。

> **安心できる関係は**
> **コミュニケーションの基礎となる。**

3. 警戒される関係になるメカニズム

　今回は，Cさんの例を使って，警戒される関係にな
るメカニズムについて見てみましょう。
　Cさんは60歳の男性です。30歳になる娘さんのひき
こもりの問題に悩んでいます。Cさんの訴えは以下の
ようなものでした。

　うちの娘は，ひきこもりになって5年近くたちます。なかなか会話をする機会がないため，チャンスがあるときは必ず仕事のことを尋ねるようにしています。しかし，話す機会が減るにつれ，私の方も焦ってきて，仕事の話ができる機会がないかを常に待っている状態です。娘と仕事の話ができないと，次に進めないと思うのですが，良い方法が見つからず困り果てています。

　Cさんと娘さんのかかわり方は，下のような図で表すことができます。

　最初に，仕事の話を娘さんが一番警戒しているという「①元々のつながり」があります。次に，Cさんが娘さんと会うたびに仕事の話をすることで，Cさんと仕事の話がつながってしまいます（②）。その結果，もともとは仕事の話を警戒していた娘さんが，Cさんの存在自体を警戒するようになる「③新たなつながり」

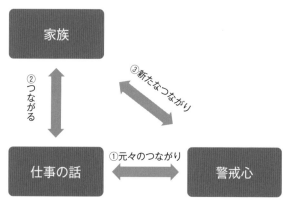

図6　警戒心を生むメカニズム

ができてしまいます。そして，Ｃさんが娘さんの顔を見るたびに仕事の話を切り出そうとすることで，「③新たなつながり」がますます強くなることになります。

ここで大事なのは，娘さんは最初からＣさんのことを警戒していたわけではなく，警戒するようになってしまったということです。Ｃさんが知らないうちに，娘さんにとって警戒される存在になってしまうと，Ｃさんの訴えのように，話すらできない状況になってしまいます。このようなことは，ひきこもりのお子さんがいる家庭では頻繁に起こっています。この状況を解消するのは難しそうですが，解決する方法があります。

4．安心できる関係になる方法

家族がひきこもっているお子さんにとって安心できる存在になるには，「警戒することをやめる」と「安心することをする」という2つの方法があります。この

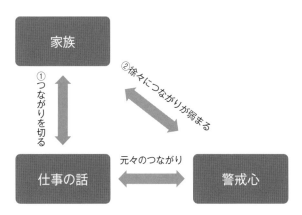

図7　警戒することをやめる

2つの方法が効果的であるメカニズムを説明していきます。

　まず，「警戒することをやめる」というのは，Ｃさんが娘さんと顔を合わせても，仕事の話をしないということです。そうすることで，図7のように，家族と仕事の話のつながりを切ることができます（①）。その結果，家族に対する警戒心が徐々に弱まっていきます（②）。

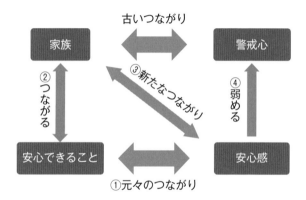

図8　お子さんが安心することをする

　もう1つの方法は，「お子さんが安心することをする」です。この方法を実践するには，まずお子さんの安心感ともともとつながっていることを見つける必要があります。お子さんが安心できることを家族が実践することで，図8のように警戒心を抱いていた家族に対して安心感という「③新たなつながり」ができます。新たなつながりを作ることで，それ以前に家族に抱いていた警戒を「④弱める」ことができます。

　「警戒することをやめる」と「安心することをする」

は，両方とも警戒心を和らげるのに効果がありますが，「安心することをする」の方が，より効果的であることを是非覚えておいてください。その理由は，「警戒することをやめる」という方法は少し時間がかかるのに対して，「安心することをする」という方法の方が短い時間で効果を感じやすいからです。

そして，もう1つの大きな理由は，「警戒することをやめる」という方法は，家族がお子さんとのかかわりを減らす方法なのに対して，「安心することをする」という方法は，家族がお子さんとのかかわりを増やす方法であるからです。かかわりを増やすことができれば，家族ができることが増えます。また，かかわりを減らしてしまうと，変化はますます起こりにくくなります。ですので，「安心することをする」という意識を特に大事にしていきましょう。

5. 警戒することと安心すること

では，具体的に警戒することと安心することを考えてみましょう。お子さんが警戒することと安心することを次のページのワークシート❾に記入してみましょう。前回のホームワーク❹の2，「話ができるときとできないとき」に記入した内容も参考にしてください。

ワークシート ⑨

お子さんが警戒すること，安心すること

警戒すること	安心すること
・	・
・	・
・	・
・	・
・	・

　ワークシート⑨について考えるヒントとして，いくつか例を挙げておきます。まず，お子さんが警戒することとしては，「仕事の話」，「将来の話」，「他人との比較」といったものがあります。この中で，「他人との比較」について，少し詳しく説明しておきます。

　「他人との比較」には，同世代の他人というものがあることは分かると思います。しかし，この他にも，「家族の経験との比較」，「ひきこもる前のお子さんとの比較」，「ひきこもっていなかったらこうなっていたはずのお子さんとの比較」というものがあります。いずれの比較においても，現状を否定していることになるため，ひきこもっているお子さんは，比較されることを

強く警戒します。

　お子さんが警戒することは，家族は見つけやすいかもしれません。それに対して，安心することに関しては，ほとんどの家族は「警戒することをしないこと」であると考えていると思います。つまり，「仕事の話」，「将来の話」，「他人との比較」をしないことが，「安心すること」だと勘違いしてしまっているということです。

　「安心すること」を考えるうえで大事なのは，お子さんとかかわって安心してもらうということです。「安心すること」を考えるうえで，役立つのが，「お子さんの立場になって考える」ということです。

　お子さんの立場になってみたとき，どんなかかわりが安心できるでしょうか？　例を挙げるとすれば，「気持ちを分かってあげる」，「お子さんが楽しめる話をする」，「お子さんの今の頑張りを認める」といったことが挙げられます。「お子さんの立場」で考えることで，できるだけたくさんの「お子さんが安心できること」を考えてみましょう。

> ## 「お子さんの立場」から，
> ## 安心させられるかかわり方を考える。

6．いつまで警戒することをやめておくのか

　ここまで取り組んでみて，多くの方は，「他人との比較」はやめておくにしても，「仕事の話」，「将来の話」はずっと話さなくてもよいだろうかと心配になったかもしれません。

　実は，「仕事の話」，「将来の話」はいずれ必ずしな

ければならない話でもあります。大事なのは，いつやるのかです。「仕事の話」，「将来の話」をする具体的なタイミングについては，第9回「相談機関の利用を上手に勧める」（p.183〜）を参照してください。第9回にあるように，お子さんの状況を見て，タイミングが訪れたときには，「仕事の話」，「将来の話」について勇気をもって切り出してください。

　また，安心できる関係になっているかを見極めるポイントについても説明しておきたいと思います。そのポイントは，お子さんと同じ部屋に居られるかどうかです。警戒される存在の場合，お子さんと同じ部屋にいるのは困難です。家族がいるところに本人は来ないし，お子さんがいるところに家族も行きにくいと思います。こうした警戒心がなくなってくる兆候として，同じ部屋に居られるようになるというのがありますので，安心できる関係になっているかを見極める目安にしてください。

振り返りシート ❺

以下の質問について，第5回で学んだポイントとして正しいものを（　　）の中に記入するか，もしくは正しい選択肢を○で囲んでください。（回答は巻末（p.269）に記載されています）

1. お子さんは，ひきこもり始めた最初から家族のことを警戒している。

a. 正しい　　**b.** 間違っている

2. 警戒することをやめるよりも，安心することをする方が効果がある。

a. 正しい　　**b.** 間違っている

3. 安心することをするには，警戒することをやめるしかない。

a. 正しい　　**b.** 間違っている

4. 仕事の話，将来の話は，お子さんに決してしてはいけない。

a. 正しい　　**b.** 間違っている

5. 次のステップに進む目安は，お子さんと（　　　　　　　　　　）ができるようになることである。

ホームワーク ⑤ 安心できる関係づくりの実践

第5回で学んだことを活かして，お子さんとの安心できる関係づくりを実践してみましょう。

警戒すること	

日時・状況	あなたの対応・発言

安心すること	

お子さんの様子・表情	感じたこと

第6回

ポジティブな
コミュニケーション
スキルの
獲得

1. はじめに

　第5回では，安心できる関係づくりについて学びました。第5回で学んだことについて，実際にどの程度できたでしょうか。この点を知るために，以下の質問について，0〜10の間で，「非常にできた」場合を10,「どちらでもない」場合を5,「全くできなかった」場合を0としたとき，あなたに最も当てはまる数字1つを〇で囲んでください。

全くできなかった	◀━━━	どちらでもない	◀━━━	非常にできた

1. ホームワークを適切に行った

【 0 － 1 － 2 － 3 － 4 － 5 － 6 － 7 － 8 － 9 － 10 】

2. お子さんが警戒しているかかわり方について検討した

【 0 － 1 － 2 － 3 － 4 － 5 － 6 － 7 － 8 － 9 － 10 】

3. お子さんが安心するかかわり方について検討した

【 0 － 1 － 2 － 3 － 4 － 5 － 6 － 7 － 8 － 9 － 10 】

4. お子さんが警戒することをやめるよりも，安心するかかわりを重視した

【 0 － 1 － 2 － 3 － 4 － 5 － 6 － 7 － 8 － 9 － 10 】

5. お子さんと同じ部屋に居ることができた

【 0 － 1 － 2 － 3 － 4 － 5 － 6 － 7 － 8 － 9 － 10 】

2. ホームワークの復習

　第5回のホームワーク❺として，安心できる関係づくりを実践してもらいました。ホームワークをして，気づいたことを以下に書き込んでみましょう。

_____

_____

_____

_____

_____

　今回は，機能分析の方法を活かして，コミュニケーションスキルを改善させる方法について学んでいきます。お子さんに相談機関の利用を勧める際にもコミュニケーションスキルが必要となりますので，しっかり学んでいきましょう。

> **ポジティブなコミュニケーションは，**
> **良好な関係を築くための土台となる。**

3. コミュニケーションの問題を整理する

　　今回は，Ｄさんの例を使って，コミュニケーション
スキルの改善について学んでいきましょう。

　　Ｄさんは60歳の女性です。30歳になる息子さんの
ひきこもりの問題で悩んでいます。Ｄさんの訴えは以
下のようなものでした。

エピソード ❺

　息子は30歳になるのですが，自宅にひきこもって仕事をしていません。
ある日，昼過ぎに起きてきた息子のことが心配になり，「何もせず家にいる
んだから，朝ぐらい早く起きたら」と言ってしまいました。すると息子は
「うるさい，同じことを何度も言うな」と言いました。私は，心配している
気持ちを分かってくれない息子に腹が立って，思わず「あなたが何度も同じ
こと言わせるんでしょ。周りはもうみんな働いているっていうのに，毎日毎
日こんな時間まで寝て。うちがこんなふうになったのも，みんなあなたのせ
いよ」と言ってしまいました。

　それから，息子は私が声をかけても何も答えてくれなくなってしまいま
した。

　　これまで学んだ，機能分析のポイントを踏まえると，
この場面では，まずＤさんが「何もせずに家にいるん
だから，朝ぐらい早く起きたら」といったところにＤ
さんにも「部分的責任」があったことが分かると思い
ます。また，「うるさい，同じことを何度も言うな」と
いったお子さんの内的きっかけ（おそらく，焦りや怒
り，「うるせー！　そんなこと分かってる！」という思

い）を考慮せずに，「あなたが何度も同じこと言わせるんでしょ。周りはもうみんな働いているっていうのに，毎日毎日こんな時間まで寝て。うちがこんなふうになったのも，みんなあなたのせいよ」と言ってしまうことで，今の状況になった責任はすべてお子さんにあるというメッセージを伝えてしまっています。その結果，お子さんとのコミュニケーションがとれなくなってしまいました。

　このように，お子さんの気持ちを無視した「追い詰める」コミュニケーションを繰り返すと，コミュニケーション自体がとれなくなってしまいます。こうした悪循環に陥らないためにも，お子さんを「惹きつける」コミュニケーションを実践することが重要となります。

4. ポジティブなコミュニケーションの方法

　このプログラムで目指している「ポジティブなコミュニケーション」にはポイント❺に示したような8つのポイントがあります。

ポイント ❺　ポジティブなコミュニケーションのポイント

1. 短く
2. 肯定的に
3. 特定の行動に注意を向ける
4. 自分の感情を明確にする

5. 部分的に責任を受け入れる
6. 思いやりのある発言をする
7. 自省を促す
8. 援助を申し出る

　この8つのポイントは，大きく2つのパートに分けることができます。

　1つ目のパートは，1〜6のポイントです。この1〜6を十分に実践し，お子さんに受容，共感を示すことで，お子さんを惹きつけることができるようになります。コミュニケーションをとるときには，まず1〜6を十分に行い，受容，共感を示し惹きつけることで，お子さんに守りの姿勢を解いてもらい，聞く耳を持ってもらうことが重要です。

　2つ目のパートは，7と8のポイントです。1〜6を十分に行い，お子さんの守りが解け，聞く耳を持ってくれたときに，必要最小限の自省を促すのが効果的です。つまりポジティブなコミュニケーションとは，十分な受容，共感を示して惹きつけたうえで必要最小限の自省を促すコミュニケーションであるといえます。

　自省を促した際に，お子さんだけでは解決できないため，お子さんが行き詰った様子を示すことがあります。このときに，家族から援助を申し出ると，それを受け入れる可能性が高くなります。お子さんが援助を求めているときに援助を申し出るからこそ，お子さんはそれを受け入れようと思うのです。

　では次に，それぞれのポイントについて詳しくみていきましょう。

①短く──長いコミュニケーションは，多くの場合，聞き手の気持ちを削いでしまいます。また，話の要点から注意を逸らしてしまいます。短く話すということは，相手の様子を見て話してもよさそうな内容を取捨選択し，簡潔に伝えることで，相手の話をしっかり聞くことに意識を向けることを意味します。

　話が長くなる理由として，普段あまり会話をしていないことが考えられます。こうしたケースでは，話ができる数少ないチャンスに今まで考えていたこ

とをすべて話そうとするために，話が長くなってしまいがちです。また，普段から冗長な話をしてしまう場合も注意が必要です。

> **悪い例◉**お母さんは，あなたが将来どうしたいのかが全然分からないの！　もう心配で心配で！　お母さんがあなたくらい若かった頃は，もうやりたいことばかりで，家になんてひきこもっていられなかったわ。あなたみたいに若い人は，みんな夢を持っていて半日だって家にひきこもってなんかいられないものよ！　まったく，少しくらいお母さんに話をしてくれたって死ぬわけじゃないでしょ。
>
> **良い例◉**もし，何か考えていることがあったら教えてくれないかな？　教えてくれたら，お母さんも何か役に立てると思うんだ。

②肯定的に —— お子さんの発言に肯定的に反応することが重要です。肯定的に話すには，してほしくないことではなく，してほしいことを伝えるのが良い方法です。してほしいことを話すことで，お子さんを責めるような口調が和らぐ効果が期待できます。

　これは，非難したり，悪口を言ったり，悪いところばかりに注目しすぎないということも意味しています。非難するようなトーンで話すと，相手を守りに入らせたり口論になったりしてしまいます。

> **悪い例◉**昼間っから**ゲームするのはやめなさい**（否定的な表現）。
>
> **良い例◉**今日は天気いいから，日中に**外に出る**（肯定的な表現）と気持ちいいよ。

③特定の行動に注意を向ける——行動の変化は，思考や感情の変化よりも見つけやすく，評価しやすいので，行動に注意を向けることが重要です。また，ほめるときも，叱るときも，具体的にどの行動について言及しているのかを明確にする必要があります。行動を明確にしないほめ方では，次にどの行動をしたらほめられるのかが分からないままになります。また，行動を明確にしない叱り方は，人格を否定することになりかねません。

悪い例◉まったく片付けをしてくれないけど，たまには手伝ったら？
良い例◉夕食の後に自分のお皿を流し台まで運んでくれる（特定の行動）と，とても助かるなぁ。

悪い例◉このままだと駄目だね。
良い例◉イライラしたとき，物にあたる（特定の行動）のはいけないことなんだよ。

---

④自分の感情を明確にする——お子さんが問題行動をしたとき，お子さんに対してどのような感情を抱くかを考えてみてください。その感情が，冷静で，非評価的で，非難しないようなものであれば，お子さんの話に共感できることが多いと考えられます。

　自分の感情を明確にするには，お子さんの行動にどんな感情を抱いているかを家族自身が自覚していることが重要です。たとえば，家族が自身の怒りの感情に気づいていないと，無自覚に相手にきつく当たってしまいます。こうした，自身の感情のありのままについて気づくことを「純粋性」と言います。

しかし，自身の感情をそのままお子さんに伝えるか
については慎重に検討する必要があります。不快な
感情を抱いていることをお子さんに率直に伝えること
で，お子さんの自省を促すこともできますが，お子さ
んの状況によっては思わぬ反発を受けるかもしれま
せん。自身の感情を伝えるかは，お子さんの状況を
踏まえたうえで判断しなければいけませんが，自身の
感情を自覚する「純粋性」は常に重要となります。

> 悪い例◉このままじゃ何も変わらないって何度も言ってるでしょ。あなたの
> ために言ってるのに，どうして分かってくれないの！
> 良い例◉このままだと，この先どうなっちゃうのか，**お母さん心配なんだ**
> **（感情の明確化）**。あなたはどう思ってるのかな？

⑤部分的に責任を受け入れる —— 外的きっかけの分析
　を踏まえて，部分的に責任を受け入れることができ
　るか，問題状況を冷静に振り返ってみてください。
　これは，単にお子さんを非難したいのではなく，家
　族が自身の役割をよく考えようとしているのだとい
　うことを，お子さんに示すことになります。こう
　いった部分的な責任を受け入れるメッセージを最初
　に伝えることは，お子さんを守りの姿勢に入りにく
　くさせます。

> **悪い例◉**どうしてそんな口のきき方をするの！ うちの家庭がこんなふうになったのも，みんなあなたのせいよ！
>
> **良い例◉お母さんも何度も同じことを言ったのは悪かったわ**（部分的責任の受け入れ）。でもお母さんもあなたの気持ちを知りたいから，何か話してくれないかな。

⑥思いやりのある発言をする── 内的きっかけの分析を踏まえて，問題となっている状況についてお子さんの視点から理解したことを言葉にしてみてください。家族が共感を示せばお子さんが守りに入りにくく，話を聞き入れやすくなります。こうした姿勢は，「共感的理解」や「無条件の肯定的配慮」と言います。

　家族の中には「共感的理解」を示すことに抵抗のある人がいます。この背景には，「共感的理解」と許すこととの混同があります。「共感的理解」を示すことで，お子さんの行動を許すことになるのではないかという誤解です。先にも述べましたが，「共感的理解」とは，その行動をする気持ちに理解を示すことであって，その行動を許すことを意味しているわけではありません。「共感的理解」では，気持ちに理解を示すことが重要となります。

　「無条件の肯定的配慮」とは，相手のあらゆる発言について肯定的に反応するということです。相手の発言に肯定的に反応することで，相手は自分の本音を話しやすくなります。

> **悪い例◉** あなたが何を考えているのか，まったく理解できないわ。お母さんにもしも自由な時間ができたら，家になんか閉じこもってないで，いろんなことにチャレンジするわよ。
>
> **良い例◉** 確かに，今のあなたの状況でいろんなことに挑戦するのも難しいよね。あなた自身も，つらい状況なんだよね。
>
> **悪い例◉**（海外旅行に行きたいと言った息子に対して）働いてもいないのに，なに贅沢なこと言ってるの！ 私が行きたいわよ。
>
> **良い例◉**（海外旅行に行きたいと言った息子に対して）いいわね。どこに行きたいの？（息子が行きたい場所を言う）へぇー。そこに行きたいんだね。……（と会話が続く）

⑦**自省を促す**——短期的結果の分析から，まず問題行動が維持される背景に，お子さんが短期的にメリットを得ているという点に共感的理解を示します。次に，長期的結果の分析を踏まえて，お子さんが同意できるデメリットについて話し合うことで，お子さんの自省を促すことができます。

　ここで大事なのは，伝える順番です。短期的にメリットを得ていることに共感を示すことで相手の守りを解き，その後で，長期的に起こりうるお子さんが同意できるデメリットを必要最小限伝えることが効果的です。

　また，自省を促すのは，「やさしさ」と「きびしさ」のうち，「きびしさ」に相当するかかわりですが，お子さんとの関係がうまくいっていないときに自省を促すとお子さんがさらなる守りに入ってしまいます。したがって，お子さんとの関係改善を図ってから，自省を促す方法を試みるようにしましょう。

> **悪い例◎** 言いたいことを言えないと世間ではやっていけないんだよ。
>
> **良い例◎** **自分のことを言わないでいると，そのときは楽かもしれないけど**（短期的メリットへの共感），それを繰り返していると，**あなたの気持ちが他の人に伝わらなくなっちゃうんだよ**（お子さんが同意できる長期的デメリットへの言及）。

⑧援助を申し出る――自省を促したときにお子さんが行き詰った様子を示した場合，非難せず，協力的な支援を申し出ることで，お子さんは援助の申し出を受け入れやすくなります。お子さんが行き詰った様子を示したときには，お子さんに「家族にどうしてほしいのか」を言ってもらいましょう。そして，お子さんが言ったことにポジティブなコミュニケーションを使って応答していきましょう。

> **悪い例◎** お母さんが将来のことを聞くと，あなたは「うるさい！　そのうち自分で何とかする」って言うけど，結局何もしないじゃない。
>
> **良い例◎** お母さんが将来のことを聞いても，1人で何かを始めるっていうのは難しいと思うから，お母さんに何か手伝えることがあったら，お母さんにどうしてほしいのか言ってね。

5. コミュニケーションスキルの練習

　コミュニケーションスキルを身につけるには，練習
が必要です。第1回で書いたことに加えて，練習が必
要な理由に以下のようなものがあります。

①家族のほとんどは，お子さんとのコミュニケー
　ションに困難を感じており，そのことが問題の改
　善を妨害しています。

②ポジティブなコミュニケーションはお子さんに限
　らず周囲の人との関係もよくしてくれます。

③ポジティブなコミュニケーションを行うことで，
　家族全員の生活を向上させることができます。

④コミュニケーションを改善することで，周囲から
　の支援も受けやすくなります。

⑤ポジティブなコミュニケーションをすると，お子
　さんが身構えにくくなるため，意思疎通がしやす
　くなります。

⑥ポジティブなコミュニケーションをすることで，
　家族のかかわり自体が，お子さんの「強化子」に
　なります。家族のかかわりがお子さんの「強化子」
　になると，お子さんとのコミュニケーションがと
　りやすくなるだけではなく，お子さんの望ましい
　行動を増やすことや望ましくない行動を減らすこ
　とも効果的に行えるようになります。

⑦コミュニケーションスキルは実践をしないと身に
　つきません。コミュニケーションスキルは，技能
　であって知識ではありません。技能は，それを実
　行するタイミングやスピードが重要です。タイミ
　ングよくスピーディーに技能を実行するには，実

践を重ねることが効果的です。

⑧コミュニケーションは，最初のうちは失敗しても
よい状況で練習するのがよいです。失敗してもよ
い状況としては，カウンセリング場面などの守ら
れた状況が最も適しています。または，失敗が許
されるような相手（配偶者，友人など）と練習し
てみるのもよい方法です。

6. 実践練習

第4回のホームワーク❹の2（p.99）の状況を使っ
て，コミュニケーションがうまくいかないとき，どの
ようにポジティブなコミュニケーションを使えばよい
かを練習してみましょう。この練習は，研修を受けた
支援者と行うことが効果的ですが，ご自身でやられる
場合は，失敗が許される相手と練習しましょう。練習
は，次のような順番で進めましょう。

①コミュニケーションがうまくいかない状況を以下に
書き込みましょう。

_____

_____

②ポジティブなコミュニケーションを使うと①の状況
がどのように変化するかを，相手の方にお子さん役
になってもらって練習しましょう。

③練習の感想を以下に書き込みましょう。

_____

_____

④相手をしてくれた方に，あなたがうまくできていた
　ところを教えてもらい以下に書き込みましょう。

_____

_____

⑤こうするとよりよくなるという点を，相手をしてく
　れた方と一緒に考えて以下に書き込みましょう。

_____

_____

　うまくできていたところ，こうするとよりよくなる
ところを考える際には，以下のポイントを参考にして
みてください。

- ポジティブなコミュニケーションの8つのポイント（短く，肯定的に，特定の行動に注意を向ける，自分の感情を明確にする，部分的に責任を受け入れる，思いやりのある発言をする，自省を促す，援助を申し出る）が実践できていたか。
- 姿勢，視線，表情，声の大きさ，話す速さ，声のトーン，伝わる雰囲気，印象に残った言葉，などで上手だったところはないか。

振り返りシート ⑥

以下の質問について，第6回で学んだポイントとして正しいものを（　　）の中に記入するか，もしくは正しい選択肢を○で囲んでください。（回答は巻末（pp.270-271）に記載されています）

1.（　　　　　　　　　）なコミュニケーションは，良好な関係を築くための土台となる。

2. コミュニケーションスキルは，お子さんに受療を勧めるときにも必要である。

a. 正しい　　**b.** 間違い

3. コミュニケーションは（　　　　　　　　）をしないと身につかない。

4. ポジティブなコミュニケーションスキルの8つのポイントは，（　　　　　），肯定的に，（　　　　　　　　　　　），（　　　　　　　　　　　　），部分的に責任を受け入れる，（　　　　　　　　　　　　　　），（　　　　　　　　），（　　　　　　　　）である。

5. ポジティブなコミュニケーションでは，時間をかけて長く詳しく話すことが効果的である。

a. 正しい　　**b.** 間違い

6. 「部分的に責任を受け入れる」ことで，あなたが単に（　　　　　　　）し

たいのではないというメッセージをお子さんに伝えることができ，お子さ

んが（　　　　　　）に入りにくくなる。

ホームワーク ⑥ **ポジティブなコミュニケーションの実践**

第6回で学んだ「ポジティブなコミュニケーション」を実践してみましょう。

コミュニ ケーションが うまくいかない 状況	

実践した状況	あなたの行動・発言

分かったこと	

工夫したところ	相手の反応

第 **7** 回

上手にほめて
望ましい行動を
増やす

1．はじめに

第6回では，ポジティブなコミュニケーションについて学びました。第6回で学んだことについて，実際にどの程度できたでしょうか。この点を知るために，以下の質問について0～10の間で，「非常にできた」場合を10，「どちらでもない」場合を5，「全くできなかった」場合を0としたとき，あなたに最も当てはまる数字1つを○で囲んでください。

全くできなかった どちらでもない 非常にできた

1．ホームワークを適切に行った

【 0 － 1 － 2 － 3 － 4 － 5 － 6 － 7 － 8 － 9 － 10 】

2．コミュニケーションスキルを練習する必要性を理解した

【 0 － 1 － 2 － 3 － 4 － 5 － 6 － 7 － 8 － 9 － 10 】

3．「短く」話すようにした

【 0 － 1 － 2 － 3 － 4 － 5 － 6 － 7 － 8 － 9 － 10 】

4．「肯定的に」話すようにした

【 0 － 1 － 2 － 3 － 4 － 5 － 6 － 7 － 8 － 9 － 10 】

5．「特定の行動に注意を向ける」ようにした

【 0 － 1 － 2 － 3 － 4 － 5 － 6 － 7 － 8 － 9 － 10 】

6. 「自分の感情を明確にする」ようにした

【 0 ― 1 ― 2 ― 3 ― 4 ― 5 ― 6 ― 7 ― 8 ― 9 ― 10 】

7. 「部分的に責任を受け入れる」ようにした

【 0 ― 1 ― 2 ― 3 ― 4 ― 5 ― 6 ― 7 ― 8 ― 9 ― 10 】

8. 「思いやりのある発言をする」ようにした

【 0 ― 1 ― 2 ― 3 ― 4 ― 5 ― 6 ― 7 ― 8 ― 9 ― 10 】

9. 「自省を促す」ようにした

【 0 ― 1 ― 2 ― 3 ― 4 ― 5 ― 6 ― 7 ― 8 ― 9 ― 10 】

10. 「援助を申し出る」ようにした

【 0 ― 1 ― 2 ― 3 ― 4 ― 5 ― 6 ― 7 ― 8 ― 9 ― 10 】

2. ホームワークの復習

　第6回のホームワーク❻として「ポジティブなコミュニケーション」の実践の記録を作りました。ホームワークをやってみて，気づいたことを以下に書き込んでみましょう。

_____

_____

_____

_____

　今回は，第6回で学んだポジティブなコミュニケーションを活かして，望ましい行動を増やす方法を学んでいきます。望ましい行動を増やす方法を学ぶことは，お子さんが挨拶をしたり，外出をしたり，将来的には就職活動をするといった望ましい行動を増やしていくことに役立ちます。

3. 行動が繰り返される理由を考える

　今回はEさんの例を使って行動が繰り返される理由について考えてみましょう。

　Eさんは建設作業員で，工事現場で毎日働いています。しかし，いまの仕事は同じ仕事の繰り返しで，体力的にもつらく，Eさんは働きながら，「面倒だなあ」，「やめたいなぁ」と毎日のように思っています。それでもEさんは実際には仕事をやめません。Eさんが毎日働き続けるのは，なぜなのでしょうか？

　Eさんが働き続けるメカニズムを示したのが図9です。図9から分かるように，働き続けることで，短期的にはデメリットを経験しますが，長期的にはメリットを経験できます。このように働いた結果，良いことが起こると，また働こうというやる気がわいてくるのです。つまり，第3回でも扱った「強化子」を長期的に得られることが仕事を続ける理由となっているのです。繰り返しになりますが，「強化子」とはその人が「楽しい（快い）」と感じるものです。人は，強化子によって満足感を得るために，その行動を繰り返すのです。

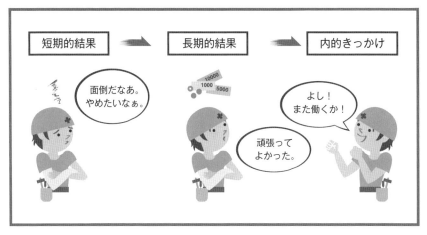

図9　行動が繰り返される理由

> **行動することで何か良いことが起こったり,**
> **嫌なことがなくなったりするとその行動は繰り返される。**

4. 適切な「強化子」

　では, お子さんには, どのような刺激（物, 行動,
発話, 活動）が強化子となるでしょうか?

　次の例を参考に, ワークシート❿にお子さんの強化
子のリストを作成してみましょう。アイデアを出すコ
ツは, あまり深く考えすぎずに, 思いつく限りたくさ
ん書き出してみることです。

　「強化子」はお子さんが喜ぶことが一番大切です。家
族にとってではなく, お子さんにとってという視点で
考えてみましょう。

　図9で示したように, 強化子には短期的結果と長期

ワークシート ⑩

お子さんの強化子のリスト

例

- お金
- 自由な時間
- ゲーム
- 好きな食べ物
- 漫画
- 一緒に時間を過ごす
- 買い物に行く
- 外食する

- 図書館に行く
- ほめる
- 感謝する
- 手伝いをお願いする
- ドライブ
- 運動
- スポーツ
- 音楽を聴く

- _____
- _____
- _____
- _____
- _____
- _____
- _____

- _____
- _____
- _____
- _____
- _____
- _____
- _____

的結果があります。仕事が順調にできているときは，長期的結果のために頑張ることができますが，ひきこもっているお子さんのように，自信を失っているときには短期的結果がより重要になります。長期的結果のために頑張るというのは，ひきこもりから回復の最終段階で取り組んでいくことになります。ですので，まずは短期的に得られる「強化子」によって，お子さんの望ましい行動を増やし，自信をつけてもらえるようにしていきましょう。

　「強化子」は，手軽に使えることが重要です。お金がかかる「強化子」（例▷物を与える，など）は，頻繁に使うことはできません。また，「強化子」は望ましい行動をした後，すぐに使えることも重要です。すぐに使えない「強化子」（例▷1カ月後にプレゼントをあげる，など）は「強化子」としては適切ではありません。さらに，「強化子」は家族が安心して使えるものである必要があります。お子さんは喜んでも，家族から見てお子さんのためにならないような「強化子」（例▷健康を害するほどのタバコ，お酒，など）は適切な「強化子」ではありません。

　したがって，ワークシート❿の「強化子」のうち，ポイント❻を満たすような「強化子」であることが望まれます。ワークシート❿に挙げたお子さんの「強化子」は，これらの基準を満たしているでしょうか。これらのポイントを満たす「強化子」は，一人一人異なります。

ポイント ❻　適切な強化子のポイント

1. お子さんが喜ぶ

2. お金をかけるとしても高価でない

3. すぐに使える

4. 家族が安心して使える

　このような視点から適切な「強化子」を選ぶと，最も適切な「強化子」は，言葉でほめることであることが分かると思います。望ましい行動を増やすには，お子さんがほめられたと思えるようなかかわり方をすることが重要です。「お子さんがほめられたと感じる」という点が重要であることを理解してください。

　お子さんがより喜ぶ強化子が，望ましい行動を増やすのにより効果的です。また，実際にお子さんの望ましい行動に働きかけるときには，第6回で練習したポジティブなコミュニケーションが参考になります。ポジティブなコミュニケーションに沿ったかかわり方自体が，お子さんにとって強化子になるのです。

5．増やす行動を選択する

　次に，実際に増やしたいお子さんの望ましい行動を選びましょう。そのために，まず，お子さんの望ましい行動をリストアップしてみてください。お子さんの望ましい行動については，第2回で行ったワークシート❶（p.40）も参考にしてください。

　ワークシート⓫に記入したもののうち，増やすのに

ワークシート ⑪

望ましい行動のリスト

- _____
- _____
- _____
- _____
- _____
- _____

- _____
- _____
- _____
- _____
- _____
- _____

ポイント ❼ 増やしたい行動を選ぶポイント

1. お子さんが喜ぶ

2. 時間や機能が望ましくない行動と重なっている

3. 現在かなり頻繁に起きているか，今後頻繁に起こりうる

4. 家族も喜べる

適した望ましい行動はポイント❼を満たす行動です。
増やすのに適した望ましい行動は，お子さんが喜んで
やっている行動であることが理想的です。

143

　ポイント❼のうち，時間や機能が望ましくない行動と重なっているという点は少し難しいかもしれません。たとえば，日中に家でゲームをするという行動が望ましくない行動として生じているとき，日中に外出するという望ましい行動は，家でゲームをするという行動と時間が重なっています。このように，望ましくない行動と時間が重なっている望ましい行動を増やすことで，望ましくない行動が必然的に減ることになります。

　また，不満があったときに物にあたるという望ましくない行動は，不満があったときにどうしてほしいのかを言葉で伝えるという望ましい行動と機能が重なっているといえます。機能が重なるというのは，役割が同じであるという意味です。物にあたるという行動もどうしてほしいのかを言葉で伝える行動も，ともに不満を解消するという同じ役割を持つ行動になります。望ましくない行動と同じ機能を持った望ましい行動を増やすことで，望ましくない行動が必然的に減ることになります。

　時間や機能が望ましくない行動と重なっているという点を踏まえることで，必然的に望ましくない行動が減る望ましい行動を明確にすることができます。

　増やす望ましい行動を選ぶ場合には，現在ある程度頻繁に起きているか，今後ある程度頻繁に起こりうる可能性のある行動にすることも重要です。現在起こっている行動をほめて増やすことは可能ですが，現在起こっていない行動はほめることができません。現在起こっていない望ましい行動を引き出す工夫については，後に紹介する「望ましい行動を引き出す工夫」(p.153)を参考にしてください。

　最後のポイントとして，家族も喜べる行動にすることで，家族の動機づけも高まります。家族が喜べる行

動を選ぶ際には，家族が自分自身の現状を受け入れ，労る視点を大事にしましょう。家族は，お子さんのために，自分を犠牲にして頑張っている方がたくさんいらっしゃいます。頑張るためには，それと同じぐらい自分を労ることが大事です。自分を責めすぎず，今の自分を受け入れて，気持ちにゆとりを持って頑張るために，自分を労る視点から考えてみましょう。

　ポイント❼を参考に，ワークシート⓫にリストアップした望ましい行動から，増やしたい望ましい行動を1つ選び，以下に記入しましょう。

選択した望ましい行動

---

6. 望ましい行動の機能分析

　ワークシート⓬を使ってお子さんの望ましい行動について機能分析しましょう。ワークシート⓬の記入方法（pp.146-147）には，ワークシート⓬を作成する際に参考になる質問を示しています。Eさんの例を機能分析したものをワークシート⓬の記入例（pp.148-149）に示していますので参考にしてみてください。

ワークシート ⑫ **望ましい行動の機能分析**

望ましい行動	1. お子さんはどんな望ましい行動をしましたか？
	2. お子さんはその行動をどのくらい繰り返していましたか？
	3. お子さんはその行動をどのくらいの時間していましたか？

外的きっかけ	内的きっかけ
1. その行動をしているとき，お子さんは誰といましたか？ 2. お子さんがその行動をした場所はどこですか？ 3. お子さんがその行動をしたのは，いつですか？	1. その行動の直前に，お子さんは何を考えていたと思いますか？ 2. その行動の直前，お子さんはどんな気持ちだったと思いますか？

分かったこと	1. 機能分析を行って，どんなことが分かりましたか？　外的きっかけ，内的きっかけ，短期的結果，長期的結果についてそれぞれ考えてみましょう。

短期的結果	長期的結果
1. その行動をしたことで，お子さんにどんなデメリットがありましたか？ 2. お子さんはその行動をしている間，どんなことを考えていたと思いますか？ 3. お子さんは行動をしている間，どんな気持ちだったと思いますか？	1. その行動によってお子さんにどんなメリットがあると思いますか？　以下の，a～g の領域を参考に考えてみましょう。その後，メリットの中でも，お子さんが同意すると思われるものに○印をつけましょう。 　　a. 人間関係： 　　b. 身体面： 　　c. 感情面： 　　d. 法律： 　　e. 仕事： 　　f. 金銭的： 　　g. その他：

ワークシート ⑫ **望ましい行動の機能分析**

望ましい行動	・ 働く ・ 月曜〜金曜の週5日間 ・ 9〜17時

外的きっかけ	内的きっかけ
・ 職場の人といる ・ 職場 ・ 平日の朝9時から夕方5時	・ 面倒だなぁ ・ 仕事なんてやめたいなぁ ・ 昨日は寝るのが遅かったし，今日はサボりたいなぁ ・ 眠い中で仕事をするのを憂うつに感じている ・ 気が進まない仕事をしなくてはいけなくて，落ち込んでいる

分かったこと	・ 短期的にデメリットがあるが，長期的にはメリットがある
	・ 仕事をしている最中はつらいのに頑張っている
	・ 経済的に自立するためなら息子もやる気になりそう

短期的結果	長期的結果
・ 同じ仕事ばかりで飽きる	・ 親子関係がよくなる（言い争いが減る）
・ 体力を消耗する	
・ 気が進まない仕事をしてストレスを感じる	・ 健康的な身体になる
	・ 将来への不安が減る
・ 疲れる	・ 自信がつく
・ お腹が空く	・ キャリアアップも考えられるようになる
・ 何も自分がしたいようにはできない	・ ⊙経済的に自立できる
・ 毎日俺は何のためにこんなことをしてるんだろう	・ 生活に余裕ができる
・ イライラを感じている	・ 生きがいを感じられる
・ 疲労感を抱いている	

ワークシート ⑫ 望ましい行動の機能分析

望ましい行動	

外的きっかけ	内的きっかけ

分かったこと	

短期的結果	長期的結果

7. 望ましい行動の機能分析を理解する ポイント

　望ましい行動の機能分析からどんなことが分かったでしょうか？　望ましい行動の分析から，望ましい行動の特徴が明らかになります。

　望ましくない行動の特徴は，短期的にはメリットがあるけれども長期的にデメリットがあるという点でした。一方で，望ましい行動の特徴は，短期的にはデメリットがあることもあるが，長期的にはメリットがあるという点です。つまり，長期的にメリットがあるのはすべての望ましい行動に共通していますが，短期的には必ずしもメリットがあるわけではないというのが望ましい行動の特徴です。

　望ましい行動のうちで増やしやすいのは，短期的にも長期的にもメリットがある行動です。こうした行動を「楽しい行動」といいます。そして，短期的にはデメリットがあるけれども長期的にはメリットがあるような望ましい行動を「達成感のある行動」といいます。

　望ましい行動を増やす際には，「楽しい行動」を増やすことから始めて，お子さんが自信をつけ元気が出てきた後に，「達成感のある行動」を増やすという手順で進めていくのが効果的です。図1（p.24）で示したひきこもりからの回復過程においては，「楽しい行動」を増やすことが「できることを重ねていく」ことになり，「達成感のある行動」をできるようになることが「価値ある生活」ということになります。

8. 望ましい行動を引き出す

　お子さんが望ましい行動をしていない場合，まずは望ましい行動の中でも「楽しい行動」を引き出すような工夫ができるとよいでしょう。現時点では，「達成感のある行動」をしていないお子さんが多いと思われますが，「達成感のある行動」を引き出す工夫が効果的な場合もあります。望ましい行動を引き出す工夫としては，以下のようなものがあります。

①自由に行動できるように，安心できる接し方をする。
　　新たな行動を試みるには，安心感が必要です。安心できる状況であれば，これまでやってこなかった新たな行動もやってみようという気持ちが湧いてきます。したがって，望ましい行動を引き出す工夫の一つとして，お子さんが安心できるようにポジティブなコミュニケーションを使った接し方をすることが有効です。
②望ましい行動をお子さんがやれるように，家族がやらないで，あえて残しておいてあげる。
　　お子さんが望ましい行動をできる機会を残しておいてあげることも有効です。家族がやってしまった方が早くて楽な場合もあるかもしれませんが，あえて家族がやらずにお子さんがやる機会を残しておいてあげる工夫が効果的です。
③家族が望ましい行動を楽しそうにやっている姿を見せる。
　　人は，他の人がやっていることを見て学ぶことができます。これを「観察学習」といいます。「観察学習」をするには，その行動をやった人がメリット

を得ている状況を観察することが重要です。この考えに従うならば，望ましい行動を家族が楽しそうにしている姿を見ることで，お子さんもやってみようという気持ちになります。お子さんがやりたくなるような明るい雰囲気を作る工夫が効果的です。

④望ましい行動を一緒にやらないか軽く誘ってみる。

　お子さんに望ましい行動を一緒にやらないか誘ってみる方法もあります。誘う場合には，お子さんが興味を示しているタイミングを利用すると誘いに乗ってくる可能性は高くなります。ただし，誘う場合にはお子さんの意思を尊重しつつ軽く誘う程度にしましょう。

⑤お子さんに手伝いとして望ましい行動をやってほしいと頼んでみる。

　お子さんの中には特別扱いされるのに抵抗感を持っている人が少なくありません。子どもや病人を扱うような接し方では，お子さんは誘いに乗ってきてくれません。ですので，お子さんを頼りにし，手伝ってもらうという姿勢の方が，お子さんは動きやすい場合があります。お子さんの助けが必要であることが伝われば，力を貸してくれる可能性も高くなるでしょう。

⑥望ましい行動をしたらご褒美をあげる約束を提案してみる。

　お子さんが望ましい行動をしたらご褒美をあげる約束をする方法もあります。これは仕事の契約に近いものです。約束をするには事前の話し合いが必要です。どういった行動に対してどのようなご褒美を与えるのかについて明確に決めることで，お子さんの動機づけが高まって望ましい行動を引き出すことが可能になります。

　これらの方法は，いずれもお子さんの望ましい行動を引き出すための工夫です。大事なのは，望ましい行動をほめることですので，お子さんがどんな形にしろ望ましい行動をした場合は，お子さんがほめられた，認められたと感じる接し方をすることが重要です。

　お子さんの望ましい行動を引き出すには，上記以外にどんな工夫があるでしょうか？　以下のワークシート⓭に書き込んでみましょう。

> **ワークシート ⓭**
>
> ### お子さんの望ましい行動を引き出す工夫
>
> - _____
>
> - _____
>
> - _____
>
> - _____
>
> - _____
>
> - _____
>
> - _____

9. 実践練習

　今回選択したお子さんの望ましい行動をほめる練習をしてみましょう。この練習は，研修を受けた支援者と行うことが効果的ですが，ご自身でやられる場合は，失敗が許される相手と練習してみましょう。練習は，順番通りに進めましょう。

　①お子さんが望ましい行動をした状況を以下に書き込みましょう。

_____

_____

　②相手の方にお子さん役になってもらって，お子さんの望ましい行動をほめる練習をしましょう。

　③練習の感想を以下に書き込みましょう。

_____

_____

　④相手をしてくれた方に，あなたがうまくできていたところを教えてもらい以下に書き込みましょう。

_____

_____

⑤こうするとよりよくなるという点を，相手をしてく
れた方と一緒に考えて以下に書き込みましょう。

うまくできていたところ，こうするとよりよくなる
ところを考える際には，以下のポイントを参考にして
ください。

- ポジティブなコミュニケーションの8つのポイント（短く，肯定的に，特定
  の行動に注意を向ける，自分の感情を明確にする，部分的に責任を受け入れ
  る，思いやりのある発言をする，自省を促す，援助を申し出る）が実践でき
  ていたか。
- 姿勢，視線，表情，声の大きさ，話す速さ，声のトーン，伝わる雰囲気，印
  象に残った言葉，などで上手だったところはないか。

以下の質問について，第7回で学んだポイントとして正しいものを（　　）の中に記入するか，もしくは正しい選択肢を○で囲んでください。（回答は巻末（p.272）に記載されています）

1. 強化子とは，その人が「楽しい（快い）」と感じるものである。

a. 正しい　　**b.** 間違い

2. 適切な強化子のポイントには，（　　　　　　　　　　　　　　），

（　　　　　　　　　　　　　　　），（　　　　　　　　　　　　　），

（　　　　　　　　　　　　　）の4つがある。

3. 望ましい行動のうち，増やしたいものを選ぶ基準は，（　　　　　　　　），

時間や機能が望ましくない行動と重なっている，（

　　　　　　　　　　　　　　），（　　　　　　　　　　　　　）

である。

4. 望ましい行動を引き出すには，叱咤激励が有効である。

a. 正しい　　**b.** 間違い

5. 望ましい行動を一緒にやるように誘うときは，絶対に断られないように強い意志で誘わなければならない。

a. 正しい　　**b.** 間違い

ホームワーク❼ お子さんの望ましい行動を増やす実践

第7回で学んだ内容を参考に，実際にお子さんの望ましい行動をほめてみましょう。

増やしたい お子さんの 望ましい行動	

実践した状況	あなたの行動・発言

お子さんの 強化子	

お子さんの様子	実践して気づいたこと

第8回

先回りをやめ,
しっかりと向き合って
望ましくない行動を
減らす

1. はじめに

　　第7回では，望ましい行動を増やす方法について学びました。第7回で学んだことについて，実際にどの程度実践できたでしょうか。この点を知るために，以下の質問について0〜10の間で，「非常にできた」場合を10，「どちらでもない」場合を5，「全くできなかった」場合を0としたとき，あなたに最も当てはまる数字1つを○で囲んでください。

全くできなかった	◀◀◀	どちらでもない	▶▶▶	非常にできた

1. ホームワークを適切に行った

【 0 － 1 － 2 － 3 － 4 － 5 － 6 － 7 － 8 － 9 － 10 】

2. 強化子がどのようなものかを理解した

【 0 － 1 － 2 － 3 － 4 － 5 － 6 － 7 － 8 － 9 － 10 】

3. お子さんの強化子が何かを理解した

【 0 － 1 － 2 － 3 － 4 － 5 － 6 － 7 － 8 － 9 － 10 】

4. お子さんの望ましい行動を増やす働きかけをした

【 0 － 1 － 2 － 3 － 4 － 5 － 6 － 7 － 8 － 9 － 10 】

5. お子さんの望ましい行動を引き出す工夫をした

【 0 － 1 － 2 － 3 － 4 － 5 － 6 － 7 － 8 － 9 － 10 】

2. ホームワークの復習

　第7回のホームワーク❼として，望ましい行動をほめる練習をしました。実際にやってみて，気づいたことを以下に書き込んでみましょう。

_____

_____

_____

_____

　今回は，望ましくない行動を減らす方法として，「どうしてほしいの？」のコミュニケーション，「先回りし過ぎるのをやめてみる」という2つの方法を学びます。第2回で説明したとおり，ひきこもっているお子さんが示す問題行動にはさまざまなものがあります。今回学ぶことは，こういった問題行動を減らすときに役立ちます。

> **行動することで何か悪いことが起こったり，**
> **良いことがなくなったりするとその行動をしなくなる。**

3．望ましくない行動の悪循環を整理する

　今回はＦさんの例を使って望ましくない行動の悪循
環を理解していきましょう。Ｆさんは58歳の女性で
す。25歳になる息子のひきこもりの問題に悩んでいま
す。Ｆさんの訴えは以下のようなものでした。

> **エピソード❻**
>
> 　息子は25歳になるのですが，自宅にひきこもって仕事をしていません。
> 自宅にひきこもってから6カ月近くになります。
> 　最近，夜中になると息子が過去の子育てについての不満を私にぶつけてき
> ます。不満の内容は，「小さいころ，塾に入れられたけど，あの塾でいじめ
> られたのがこうなった原因だ」，「お前が大学に行けって言うから行ったのに
> 何にもならなかった」というものなどです。私としては，塾も大学も息子が
> 行きたいと言ったから行かせたんだと言うのですが，納得せず，夜通し不満
> をぶつけられ，何も言えずにじっと聞いているしかできません。これから
> も，こんな不満をぶつけられる日々が続くのかと思うと，とてもつらくなっ
> てしまいます。

　息子さんの不満を言い続ける行動について，これま
で学んだ機能分析を使って分析してみましょう。次の
ワークシート⓮の記入方法（pp.168-169）には，ワー
クシート⓮を作成する際に参考になる質問を示してい
ます。ワークシート⓮は第2回で行ったワークシート
❷と同じものなので，ワークシート❷の記入例
（pp.54-55）も参考にしましょう。

先回りをやめ、しっかりと向き合って望ましくない行動を減らす

ワークシート ⑭ 問題行動の機能分析

問題行動	1. お子さんはどんな問題行動をしましたか？ 2. お子さんはその問題行動をどのくらい繰り返していましたか？ 3. お子さんはその問題行動をどのくらいの時間していましたか？

外的きっかけ	内的きっかけ
1. その問題行動をしているとき，お子さんは誰といましたか？ 2. お子さんがその問題行動をした場所はどこですか？ 3. お子さんがその問題行動をした時間帯はいつですか？ 4. その問題行動をする直前に，お子さんは何をしていましたか？ 5. その問題行動をする直前に，お子さんの周囲で何が起こっていましたか？	1. その問題行動の直前に，お子さんは何を考えていたと思いますか？ 2. その問題行動の直前，お子さんはどんな気持ちだったと思いますか？

分かったこと	1. 機能分析を行って，どんなことが分かりましたか？　外的きっかけ，内的きっかけ，短期的結果，長期的結果についてそれぞれ考えてみましょう。

短期的結果	長期的結果
1. お子さんはその問題行動をすることで，どんなメリットを得ていますか？ 2. お子さんはその問題行動をしている間，どんなことを考えていたと思いますか？ 3. お子さんは問題行動をしている間，どんな気持ちだったと思いますか？	1. その問題行動によってお子さんにどんなデメリットがあると思いますか？以下の，a〜g の領域を参考に考えてみましょう。その後，デメリットの中でも，お子さんが同意すると思われるものに○印をつけましょう。 　a. 人間関係： 　b. 身体面： 　c. 感情面： 　d. 法律： 　e. 仕事： 　f. 金銭的： 　g. その他：

ワークシート⑭ **問題行動の機能分析**

問題行動	

外的きっかけ	内的きっかけ

分かったこと	

短期的結果	長期的結果

4. どうしてほしいの？の コミュニケーション

　機能分析から分かったことを踏まえて，ポジティブなコミュニケーションで対応していくことになりますが，不満を言い続けるといった望ましくない行動を減らす方法として，「どうしてほしいの？」のコミュニケーションがあります。

　行動には，お子さんからのメッセージが込められています。そのメッセージを理解するために，ポジティブなコミュニケーションの1～6のポイントをしっかり実践し，お子さんの守りを十分に解いたうえで「どうしてほしいの？」と優しく語りかけてみましょう。そうすると，お子さんはあなたにどうしてほしいかを伝えてくるでしょう。そのときに，ポジティブなコミュニケーションを使って会話を続けていきましょう。

　「どうしてほしいの？」と優しく語りかけることで，お子さんは自分の要求を言葉にでき，不満を言い続けなくてもよくなります。

5. 先回りし過ぎるのをやめてみる

　家族は意図せずとも，お子さんの望ましくない行動が繰り返されることを「助長させている」ことがあります。つまり，望ましくない行動の結果，お子さんが経験するはずのデメリットを家族が先回りして防ぐことで，お子さんはデメリットに直面しないために望ましくない行動が維持されるのです。

　エピソード❼のような状況は，問題行動を「助長さ

せている」といえるかもしれません。

エピソード ❼

　息子は29歳になるのですが，自宅にひきこもって仕事をしていません。最近家では落ち着いていて，家族とも話ができ，食事も一緒に取れるようになってきました。しかし，息子は自分の部屋の掃除をしないので，部屋中に空き缶やペットボトルが散らかり，ゴミだらけになってしまっています。そのような状態でも息子は特に困っているようにも見えず，何も言わないのですが，そのままでは健康にも悪影響なのではと思い，いつも私が息子のいないときに片づけをしています。このままでは息子は片づけもできない人間になってしまうのでは……と心配です。

　この例では家族がどんな先回りをしているでしょうか？　また，先回りしてしまうのは，家族のどんな感情（例▷罪，怒り，恥，悲哀）からでしょうか？

　この例では，息子さんの部屋を掃除することで，息子さんが自分で掃除するきっかけがなくなり，部屋を散らかす行動を助長してしまっている可能性があります。

　こうした先回りの行動は，家族の行き過ぎた優しさから生じるものです。この例では，家族は息子さんに喜んでもらおうという優しさ，家にいて何もすることがないのに，汚い部屋にいてかわいそうだと思う気持ちから掃除をしてあげたのかもしれません。このように家族は自分では意図せず先回りをして，望ましくない行動を「助長させている」ことがあります。

　あなたは先回りしてしまっているところはないでしょうか？　先回りしてしまうのは，あなたのどういった感情からですか？　お子さんの問題行動が起こるのを

手伝っているところはありませんか？　これらのことについて気づいたことを，ワークシート**⑮**に書き込んでみましょう。

ワークシート ⑮

家族の先回りと気持ち

＿＿＿＿＿＿＿＿＿＿＿＿＿＿＿＿＿＿＿＿＿＿＿

＿＿＿＿＿＿＿＿＿＿＿＿＿＿＿＿＿＿＿＿＿＿＿

＿＿＿＿＿＿＿＿＿＿＿＿＿＿＿＿＿＿＿＿＿＿＿

＿＿＿＿＿＿＿＿＿＿＿＿＿＿＿＿＿＿＿＿＿＿＿

＿＿＿＿＿＿＿＿＿＿＿＿＿＿＿＿＿＿＿＿＿＿＿

＿＿＿＿＿＿＿＿＿＿＿＿＿＿＿＿＿＿＿＿＿＿＿

　もしあなたが先回りしすぎているところがあるのであれば，その先回りをできるだけやめる必要があります。先回りをやめ，お子さんの問題行動によって起こるべきデメリットにお子さんを直面させることは，お子さんが成長する機会になったり，お子さんが支援を求めるきっかけにもなります。

ただし，ひきこもりから生じる当然の結果すべてに，お子さんを直面させると，お子さんの生活が成り立たなくなってしまう恐れもあります。したがって，その結果に直面させることが安全であること，そして直面させた結果，お子さんがその状況を克服し乗り越えられるという見込みがあることが重要です。

　ここで大事なことは，安全が保証でき，お子さんにとってプラスになる見込みがある場合，家族の先回りを減らせるところまで減らしてみるということです。

　ここで注意するポイントは以下のものです。

①お子さんの安全を確保し，お子さんにとって成長の機会となるように配慮しながら，できるだけ先回りをやめられる部分を見つけていきましょう。
②デメリットへ直面させることはいつか必要になりますが，直面させるタイミングを間違うと家族関係の悪化を招いてしまいます。直面させても家族関係が悪化しないよう適切なタイミングを見定めましょう。

①そのデメリットに直面させるのは安全ですか？
②そのデメリットに直面させることは，
　お子さんや家族関係にいい影響を及ぼす
　見込みがありますか？

6. 実践練習

　今回はポジティブなコミュニケーションや「どうしてほしいの？」のコミュニケーションを使って，望ましくない行動について話し合うコミュニケーションを練習してみましょう。この練習は，研修を受けた支援者と行うことが効果的ですが，ご自身でやられる場合は，失敗が許される相手と練習してみましょう。練習は，順番通りに進めましょう。

　①お子さんが望ましくない行動をした状況

_____

_____

　②相手の方にお子さん役になってもらって，お子さんの望ましくない行動について話し合う練習をしましょう。

　③練習の感想を以下に書き込みましょう。

_____

_____

④相手をしてくれた方に，あなたがうまくできていた
　ところを教えてもらい以下に書き込みましょう。

_____

_____

⑤こうするとよりよくなるという点を，相手をしてく
　れた方と一緒に考えて以下に書き込みましょう。

_____

_____

　うまくできていたところ，こうするとよりよくなる
ところを考える際には，以下のポイントを参考にして
ください。

- ポジティブなコミュニケーションの8つのポイント（短く，肯定的に，特定の行動に注意を向ける，自分の感情を明確にする，部分的に責任を受け入れる，思いやりのある発言をする，自省を促す，援助を申し出る）が実践できていたか。
- 姿勢，視線，表情，声の大きさ，話す速さ，声のトーン，伝わる雰囲気，印象に残った言葉，などで上手だったところはないか。

振り返りシート ❽

以下の質問について，第8回で学んだポイントとして正しいものを（　　）の中に記入するか，もしくは正しい選択肢を○で囲んでください。（回答は巻末（p.273）に記載されています）

1. 望ましくない行動を減らすのにポジティブなコミュニケーションは役に立たない。

a. 正しい　　　**b.** 間違い

2. 望ましくない行動を減らすには，まず最初にどうしてほしいのかを尋ねることが効果的である。

a. 正しい　　　**b.** 間違い

3. 先回りをやめることは，お子さんが（　　　　　　　）したり，（　　　　　　　）きっかけになる。

4. デメリットに直面させるときに大切なことは，（　　　　　　）が保証され，お子さんにとって（　　　　　　）になる見込みがある場合，家族の先回りを（　　　　　　　）まで減らしてみるということである。

先回りをやめ、しっかりと向き合って望ましくない行動を減らす

ホームワーク 8 望ましくない行動について話し合う実践

第8回の内容を参考に，実際に望ましくない行動についてお子さんと話し合ってみましょう。

お子さんと話し合う望ましくない行動	

実践した状況	あなたの行動・発言

望ましくない行動の機能分析から分かったこと	

お子さんの様子	実践して気づいたこと

第9回

相談機関の利用を
上手に勧める

1. はじめに

　　第8回では，望ましくない行動について話し合う方法，先回りするのをやめる方法について学びました。第8回で学んだことについて，実際にどの程度実践できたでしょうか。この点を知るために，以下の質問について0～10の間で，「非常にできた」場合を10，「どちらでもない」場合を5，「全くできなかった」場合を0としたとき，あなたに最も当てはまる数字1つを○で囲んでください。

全くできなかった ◀━━ どちらでもない ━━▶ 非常にできた

1. ホームワークを適切に行った

【 0 － 1 － 2 － 3 － 4 － 5 － 6 － 7 － 8 － 9 － 10 】

2. 「どうしてほしいの？」のコミュニケーションを実践した

【 0 － 1 － 2 － 3 － 4 － 5 － 6 － 7 － 8 － 9 － 10 】

3. お子さんが乗り越えられる範囲で，先回りをできるだけやめるようにした

【 0 － 1 － 2 － 3 － 4 － 5 － 6 － 7 － 8 － 9 － 10 】

4. お子さんの望ましくない行動についてお子さんと話し合った

【 0 － 1 － 2 － 3 － 4 － 5 － 6 － 7 － 8 － 9 － 10 】

2. ホームワークの復習

　第8回では，ホームワーク❽として望ましくない行動について話し合う練習をしました。実践して，気づいたことを以下に書き込んでみましょう。

_____

_____

_____

_____

　このプログラムの最後として，お子さんに相談機関の利用を上手に勧める方法を学びます。お子さんに相談機関の利用を勧めるには，タイミングが重要です。適切なタイミングに，適切な方法で勧めるための方法を学んでいきましょう。

3. お子さんに相談機関の利用を勧めるために必要なこと

　相談機関の利用へのお子さんの動機づけを高めるには，お子さんが次の点について理解していることが重要となります（境ら，2009；川原・境，2009）。

　①お子さんが，「相談することでメリットを得られる

だろう」と期待すること。

②お子さんが,「相談したら,自分の弱さを理解してもらえるだろう」と期待すること。

③お子さんが,「どんな相談機関が利用できるのか」,「相談機関がどこにあるか」といった情報を知っていること。

④お子さんが,相談機関を利用するための金銭的コストをあまり心配しなくてよいこと。

以上の点を理解してもらう方法としては,以下のような声掛けが考えられるでしょう。

4. お子さんの動機づけが高まっているときを選ぶ

　お子さんが相談機関の利用にまったく関心がないときに利用を勧めても，なかなかうまくいきません。利用を勧めるタイミングが大切です。利用を勧めるよいタイミングの例には，以下の4つのパターンがあります。どの例でも，ポジティブなコミュニケーションを用いていることに注目してください。

①ひきこもりに関する重大な問題を起こして後悔しているとき（特に家族との関係が何らかの理由で脅かされた場合）

　　　例▷お子さんの乱暴，暴言，逮捕，違法行為，お子さんの責任による多大な出費

> **お子さん**◉あのさ，さっきのことだけど，あんなこと言うつもりじゃなかったんだ。ついカッとなって……。ときどき自分でも抑えられなくなっちゃうんだ。ほんとゴメンね。
>
> **家族**◉そうね。お母さんもあんな言い方されてとてもつらかった（自分の感情を明確にする）。あなたにとっては抵抗があるかもしれないけど（思いやりのある発言），私が受けているカウンセリングに一緒に行ってみない？カウンセラーの先生に会えるし，カウンセリングで何をやっているのかも見れるわよ（相談することのメリットを伝える）。どうかな？

②ひきこもりについて，まったく予想していなかった
意見を言われて，お子さんが動揺しているように見
えるとき。

　　例▷近所の人や親戚に「今，何してるの？」と聞
　　　かれる，昔の友人から電話で「今，何の仕事
　　　してるの？」と聞かれる。

お子さん◉ 太郎（昔の友人）から久しぶりにメールがきたんだけどさ，太郎
の友達がひきこもってて，ひきこもりってほっとくとずっと治らないって
言ってた。おれもずっとこのままなのかな？
家族◉ 急にそんなメールが来て驚いたんだね（思いやりのある発言）。聞き
たくないかもしれないけど（思いやりのある発言），あなたの力になりたい
から，ちょっと聞いてくれる？　あなたがずっとこのままかどうかは分から
ないけど，試しに専門の人に話を聞きに行ってみない？

③家族が受けているプログラムについて，お子さんか
ら尋ねられたとき。

　　例▷「そのプログラムに行ってなんになるの？」，
　　　「なんで相談に行ってるの？」，「カウンセ
　　　ラーとなんの話をしてるの？」，「家族教室で
　　　は俺のことを話してるの？」，「それで，相談
　　　は役に立ってるの？」

> **お子さん◉** あのさ，お母さんカウンセリングでなんの話してんの？　俺のこと話してんの？
>
> **家族◉** お母さんが相談に行ってどんな話をしてるか気になるんだね（思いやりのある発言）。前もって言っておくべきだったんだけど（部分的に責任を受け入れる），お母さんだけじゃなくて，あなたにも一緒に行ってもらって，カウンセラーの先生と会ってもらいたいなって思ってるの。カウンセラーの先生から，お母さんがこれまでしてきたことを教えてもらえるよ（相談することのメリットを伝える）。もし一緒に行ってくれたら，お母さん，すごく嬉しい（自分の感情を明確にする）。

④家族の行動が変化した理由を尋ねられたとき

例▷「なんでそんな（変な／おかしな）ことしてるの？」，「何をしようとしてるの？」，「なんで急にそんなことをするようになったの？」，「なんで出掛けるの？」，「最近，本当に変わったね。どうしたの？」

> **お子さん◉** お母さん最近変だよね。何か良いことでもあったの？
>
> **家族◉** お母さん最近気持ちが楽になったんだ（自分の感情を明確にする）。カウンセリングに行き始めて，気持ちが落ち着いてきたのかな（相談することのメリットを伝える）。あなたとの関係をもっと良くしたくて，いろいろ考えながら試してるの。カウンセリングって結構役に立つわよ（相談することのメリットを伝える）。もしあなたもカウンセリングに行ってくれたら，お母さんも嬉しいんだけどな（自分の感情を明確にする）。どう？

これらのタイミングが来たら，お子さんと相談機関の利用についてしっかりと向き合って話し合う勇気を持ちましょう。これらのタイミングは多くの場合，家族にピンチと誤解されています。たとえば，①，②のタイミングは，お子さんが動揺しているピンチと感じるかもしれません。また，自分が相談に行っていることを秘密にしている家族にとっては，④のタイミングは，相談に行っていることがばれてしまう大ピンチと思ってしまうでしょう。

このタイミングが，相談に行くこと，これからのことを話し合うチャンスであることを知っておくと，勇気を持って話を切り出すことができると思います。①〜④のタイミングがこれまでなかったか，これからどのタイミングが起こりそうかを事前に考えておくと，気持ちの準備ができるでしょう。

5. 相談機関の利用への動機づけを高める 工夫

相談機関の利用について話し合うタイミングが訪れなくても，相談機関の利用への動機づけを高める工夫はできます。その工夫としては，以下のようなものがあります。

①お子さんが家族の支援者に会う機会を作る。

家族の支援者に会う機会を作ることで，お子さんの相談機関の利用への抵抗が減る可能性があります。お子さんが車の運転ができるのであれば，相談機関への送迎を頼んだ際に，支援者と会ってもらうなどの工夫も有効です。

②通常は，家族を担当している支援者以外がお子さん
を担当することを伝える。

　お子さんの中には，家族の支援者が自分を担当す
ることに抵抗を感じる人もいます。その理由は，お
子さんが支援者に話したことが，家族に伝わってし
まうのではないかと心配になることなどがあります。
また，家族とお子さんの両方を一人の支援者が担当
すると，お子さんはその支援者を家族の差し金のよ
うに感じてしまうこともあります。ですので，お子
さんと家族の支援者は別にすることを伝えることが，
お子さんの相談機関の利用を促すのに効果的なこと
があります。

③カウンセリングを「試してみる」という誘い方を
する。

　相談機関に誘う場合，試しに行ってみるという誘
い方が有効です。相談機関の利用の敷居が低くなる
ような誘い方をすると，お子さんも気負わずに相談
に行くことができます。

④お子さんが抱える問題を客観的に評価し，問題への
気づきを促す。

　質問紙形式の心理検査をお子さんに記入してもら
い，その結果についての支援者からのコメントを家
族からお子さんに伝えることで，お子さんは自分の
つらさを分かってもらえたという気持ちになること
があります。その結果として，お子さんの相談機関
の利用への動機づけが高まることが期待されます。

⑤お子さん自身がうまくいかなかったと感じるタイミ
ングを利用する。

　家族から見ると失敗しそうなことをお子さんがや
りたいということがあります。その際には，まずは
お子さんの意思を尊重して，やりたいことがやれる

ように支援すると同時に,「○○（本人がやりたいこと）がうまくいかなかったら,相談にいってみよう」と伝えておくと,失敗したときに相談に行こうという気持ちになる可能性が高まります。

⑥ひきこもりに期限を決める。

　「あと○○経って状況が変わらなかったら相談に行ってみよう」というように,ひきこもりに期限を決める方法もあります。ただし,ひきこもりの期限は,お子さんに決めてもらうことが重要です。お子さんが決めた期間が過ぎるまでは待つことを伝え,期限が過ぎたときに状況が好転していなければ,相談機関に行ってみようと伝えておくとよいでしょう。

　家族が冷静に適切な対応をし,お子さんの問題への気づきを促し,相談機関の利用について話し合うタイミングに対応できる準備をすることが大切です。

6. ポジティブなコミュニケーションスキルを用いる

　ポジティブなコミュニケーションスキルの大切さは,相談機関の利用について話し合うときも例外ではありません。これまで,お子さんと相談機関の利用について話し合うとき,どういったコミュニケーションを用いてきたでしょうか？

　よくあることですが,こういったお子さんへの頼みごとをするときに,次にあるような脅しや非難になってしまったり,文句を言ったりあざ笑うような口調になってしまうことがあります。

　このようなコミュニケーションでは,お子さんは守

りに入ってしまい，効果的な話し合いはできません。
ポジティブなコミュニケーションスキルを用いなが
ら，しっかりと向き合って話し合いをしましょう。

- 「もうダメ！　もう我慢できない。カウンセリングを受けるか，出て行くかし
  なさい！」
- 「あなたのせいで私がカウンセリングに行ってるのよ。あなたが行かないとど
  うしようもないじゃない！」
- 「働く努力をしなさいって何回言えば分かるの？　私の言うことを無視して楽
  しいの!?」
- 「あなたのせいで頭がおかしくなりそうだわ！　私は毎週カウンセリングに
  行ってるのよ！　あなたが治そうとしないと，どうしようもないじゃない！」
- 「おかげでうちの家族は滅茶苦茶だわ。全部あなたのせいよ」

7. 実践練習

　お子さんと相談機関の利用について話し合う練習を
しましょう。この練習は，研修を受けた支援者と行う
ことが効果的ですが，ご自身でやられる場合は，失敗
が許される相手と練習してみましょう。練習は，順番
通りに進めましょう。

　①相談機関の利用について話し合う状況を以下に書き
　　込みましょう。

②相手の方にお子さん役になってもらって，相談機関の利用について話し合う練習をしましょう。今回学んだことを生かして1回やってみましょう。

③練習の感想を以下に書き込みましょう。

---

④相手をしてくれた方に，あなたがうまくできていたところを教えてもらい以下に書き込みましょう。

---

⑤こうするとよりよくなるという点を，相手をしてくれた方と一緒に考えて以下に書き込みましょう。

うまくできていたところ，こうするとよりよくなるところを考える際には，以下のポイントを参考にしてください。

- ポジティブなコミュニケーションの8つのポイント（短く，肯定的に，特定の行動に注意を向ける，自分の感情を明確にする，部分的に責任を受け入れる，自省を促す，援助を申し出る）が実践できていたか。
- 姿勢，視線，表情，声の大きさ，話す速さ，声のトーン，伝わる雰囲気，印象に残った言葉，などで上手だったところはないか。

8. 相談機関の利用を勧めたときの お子さんの反応に対する準備

　お子さんが相談機関の利用を拒絶するとき，もしくは相談機関を利用してもいいと言ったときの準備をあらかじめしておくことが大切です。「鉄は熱いうちに打て」ということわざがあるように，お子さんが相談機関の利用の必要性を受け入れた場合は，素早く（48時間以内に）動くことが重要です。具体的には，面接の予約を取るなどが必要となります。素早く動けるように，常日頃からお子さんが利用したいと思えるような相談機関の情報を集めておくことが役に立ちます。

　また，お子さんが相談機関の利用を拒絶する可能性に対しても準備をしておくことが重要です。知っておくべきなのは，このプログラムで紹介した方法は，すべてのお子さんに対して，必ずしも一度でうまくいくとは限らないということです。うまくいかなかった場合でも，まずは相談について話せたことを認めてあげましょう。その上で，どんなところが嫌なのかを確認しておくと，次に役立つと思います。家族とのコミュニケーションがうまくとれるようになっていれば，次のチャンスは直ぐに訪れます。失敗ととらえるのではなく，相談について話すことができたととらえ，次の

チャンスに向けて準備を進めていきましょう。

9. 早期の中断に備える

　お子さんが相談機関を利用することに同意すると，家族はとても安心してしまいます。そのため，すぐにお子さんが行かなくなってしまう場合があるという可能性を見失ってしまいがちです。相談機関を利用し始めた初期では，行ったり行くのをやめたりすることが何度もあります。

　お子さんが相談に行かなくなったときに，その理由を検討することも重要です。もし，実際的な問題（たとえば，時間の都合が合わない）が大きな原因となっているなら，多くが実際的な解決で済みます。しかし多くの場合は，より複雑であり，これまでの生活が変わることへの心配，お子さんにそれまで潜んでいた抑うつ症状の表面化などの問題が存在することがあります。

　こういった場合も家族は何もできないわけではありません。相談機関につなげられたときのように，このプログラムで学んだことを同じように用いることができます。ポジティブなコミュニケーションスキルを用いて，相談機関に行かなくなった理由をお子さんに尋ねる方法もあります。

振り返りシート ❾

以下の質問について，第９回で学んだポイントとして正しいものを（　　）の中に記入するか，もしくは正しい選択肢を○で囲んでください。（回答は巻末（pp.274-275）に記載されています）

1. お子さんに相談機関の利用を勧めるには，（　　　　　　　　　　）が重要である。

2. お子さんに相談機関の利用を勧めるためには，相談機関を利用したときに「良くなるだろう」とお子さんが期待することが重要である。

a. 正しい　　**b.** 間違い

3. お子さんからこのプログラムについて聞かれたときは，相談機関の利用を勧める絶好のチャンスである。

a. 正しい　　**b.** 間違い

4. 相談機関を利用するときは，あらゆる準備をしてから気合を入れて行くのがよい。

a. 正しい　　**b.** 間違い

5. ポジティブなコミュニケーションスキルは，お子さんに相談機関の利用を勧めるときにも必要である。

a. 正しい　　b. 間違い

6. お子さんに相談機関の利用を勧める際は，同意するまで問いつめるのが効果的である。

a. 正しい　　b. 間違い

7. お子さんが相談機関の利用に関心を示したら，じっくり時間をかけて考えてから相談機関の利用につなげることが大切だ。

a. 正しい　　b. 間違い

ホームワーク❾ **これまで学んだことの実践**

第9回のホームワークとして，これまで学んだことを実践してみましょう。必ずしも，例にあるようにお子さんと相談機関の利用について話し合う必要はありません。できることから，継続的に行うことが大切です。

日　付	やったこと	結　果
例▷ 8/21	子どもと相談機関の利用について話し合った	就労支援なら受けてもいいと思っていることが分かった

第10回

プログラムを
終えてからの
支援

1. はじめに

　　第9回では，相談機関の利用についてお子さんと話し合う方法について学びました。第9回で学んだことについて，実際にどの程度実践できたでしょうか。この点を知るために，以下の質問について0〜10の間で，「非常にできた」場合を10,「どちらでもない」場合を5,「全くできなかった」場合を0としたとき，あなたに最も当てはまる数字1つを〇で囲んでください。

全くできなかった どちらでもない 非常にできた

1. ホームワークを適切に行った

　【 0 －　1 － 2 － 3 － 4 － 5 － 6 － 7 － 8 － 9 － 10 】

2. 相談機関の利用を勧めるタイミングについて考えた

　【 0 －　1 － 2 － 3 － 4 － 5 － 6 － 7 － 8 － 9 － 10 】

3. お子さんにとってメリットのある相談機関について考えた

　【 0 －　1 － 2 － 3 － 4 － 5 － 6 － 7 － 8 － 9 － 10 】

4. お子さんと相談機関の利用について話し合った

　【 0 －　1 － 2 － 3 － 4 － 5 － 6 － 7 － 8 － 9 － 10 】

2. ホームワークの復習

　第9回のホームワーク❾は，これまで学んだことを
実践することでした。実践して，気づいたことを以下
に書き込んでみましょう。

_____

_____

_____

_____

3. お子さんや家族が利用可能な支援

　今後の支援においては，お子さんの多様なニーズに
応え，できることを提供していくための支援が必要と
なります。こうした支援にはさまざまなものがありま
すが，ひきこもりを対象としている公的な支援として，
ひきこもり地域支援センター，子ども・若者支援地域
協議会，自立相談支援窓口があります。以下に，これ
らの支援機関の概要を示します。

①ひきこもり地域支援センター

　　厚生労働省では，平成21年度から，ひきこもり
　に特化した第一次相談窓口としての機能を有する
　「ひきこもり地域支援センター」を全国の都道府県・

指定都市に整備を進めています。このセンターは，お子さんや家族が，地域の中で最初にどこに相談したらよいかを明確にすることで，より支援に結びつきやすくすることを目的としたものです。公表されている資料によると令和2年12月1日時点で，全国の都道府県と政令指定都市の79カ所に設置されています（厚生労働省，2020）。付録にひきこもり地域支援センターの一覧を掲載しましたので参考にしてください。

　ひきこもり地域支援センターでは，社会福祉士，精神保健福祉士等のひきこもり支援コーディネーターによって次の事業が行われています。

1）第一相談窓口

　　ひきこもり本人，家族等から電話・来所・訪問等による相談に応じるとともに，対象者の状態に応じて，医療・教育・労働・福祉など適切な関係機関へつなげる。

2）他の関係機関との連携

　　対象者の状態に応じた適切な支援を行うため，関係機関からなる連絡協議会を設置し，情報交換等各機関間で恒常的な連携を図る。

3）情報発信

　　リーフレットの作成等により，ひきこもり問題に対する普及啓発を図るとともに，地域におけるひきこもりにかかわる関係機関・事業紹介などの発信を行う。

　　ひきこもり地域支援センターは，ひきこもり状態への支援に特化した機関であり，地域援助の中核を担う機関になります。

②子ども・若者支援地域協議会

　子ども・若者支援地域協議会は，2010年に施行された子ども・若者育成支援推進法に基づき内閣府が設置を進めている機関です。子ども・若者育成支援推進法は，①有害情報の氾濫等，子ども・若者をめぐる環境の悪化，②ニート，ひきこもり，不登校，発達障害等の精神疾患など子ども・若者の抱える問題の深刻化，③従来の個別分野における縦割り的な対応の限界，といった背景を踏まえて制定された法律です。子ども・若者育成支援推進法は，①子ども・若者育成支援施策の総合的推進のための枠組み整備，②社会生活を円滑に営む上での困難を有する子ども・若者を支援するためのネットワーク整備を目的としています。

　子ども・若者育成支援推進法に基づく子ども・若者支援地域協議会は，「修学及び就業のいずれもしていない子ども・若者」であるひきこもりや若年無業者だけではなく，「その他の子ども・若者であって，社会生活を円滑に営む上での困難を有するもの」である不登校などさまざまな困難を有する子ども・若者を含んでおり，対象がひきこもり地域支援センターよりも広いところに特徴があります。

　子ども・若者支援地域協議会は2020年3月31日時点で，全国の126の地域に設置されています（内閣府，2020）。

③自立相談支援窓口

　自立相談支援窓口は，2015年4月に施行された生活困窮者自立支援法に基づいて設置されている機関です。自立相談支援窓口は，2020年5月25日時点で，全国に1,330の相談窓口が設置されています（厚生労働省，

2020）。働きたくても働けない，住む所がない，など，生活全般にわたる困りごとの相談を受け付けています。相談窓口では一人ひとりの状況に合わせた支援プランを作成し，専門の支援員が相談者に寄り添いながら，他の専門機関と連携して，解決に向けた支援を行います。具体的には，以下のような支援を行っています。

1）自立相談支援事業

生活に困りごとや不安を抱えている場合は，支援員が相談を受けて，どのような支援が必要かを相談者と一緒に考え，具体的な支援プランを作成し，寄り添いながら自立に向けた支援を行います。

2）住居確保給付金の支給

家賃相当額を支給します。離職などにより住居を失った方，または失うおそれの高い方には，就職に向けた活動をするなどを条件に，一定期間，家賃相当額を支給します。生活の土台となる住居を整えた上で，就職に向けた支援を行います。（※一定の資産収入等に関する要件を満たしている方が対象です）

3）就労準備支援事業

「社会とのかかわりに不安がある」，「他の人とコミュニケーションがうまくとれない」など，直ちに就労が困難な方に6カ月から1年の間，プログラムに沿って，一般就労に向けた基礎能力を養いながら就労に向けた支援や就労機会の提供を行います。

4）家計相談支援事業

家計の立て直しをアドバイスします。家計状況の「見える化」と根本的な課題を把握し，相談者が自ら家計を管理できるように，状況に応じた支援計画の作成，相談支援，関係機関へのつなぎ，必要に応じて貸付のあっせん等を行い，早期の生活再生を支

援します。

（※一定の資産収入に関する要件を満たしている方が対象です）

5）就労訓練事業

柔軟な働き方による就労の場を提供します。直ちに一般就労することが難しい方のために，その方に合った作業機会を提供しながら，個別の就労支援プログラムに基づき，一般就労に向けた支援を中・長期的に実施する，就労訓練事業（いわゆる「中間的就労」）もあります。

6）生活困窮世帯の子どもの学習支援

子どもの学習支援をはじめ，日常的な生活習慣，仲間と出会い活動ができる居場所づくり，進学に関する支援，高校進学者の中退防止に関する支援等，子どもと保護者の双方に必要な支援を行います。

7）一時生活支援事業

住居のない方に衣食住を提供します。住居をもたない方，またはネットカフェ等の不安定な住居形態にある方に，一定期間，宿泊場所や衣食を提供します。退所後の生活に向けて，就労支援などの自立支援も行います。

お子さんや家族が受けられる支援としては，これら3つだけではなく，医療機関，教育機関，NPO法人をはじめとした民間機関においてさまざまな支援が展開されています。こうした地域に根ざした多様な支援を利用していくことがお子さんの多様なニーズに応じる上で重要になると考えられます。

NPO法人の代表的なものに，**KHJ全国ひきこもり家族会連合会**（以下，KHJ家族会）があります。KHJ家族会は，全国の支部がつながって日本全国の家族を

支援している唯一の団体です。2021年2月時点で，全
国各地の39の都道府県に56の支部があるため，皆さ
んのお住いの近くの家族会につながることで，地元で
支援を受けながら，日本全国の情報を知ることができ
ます。ひきこもりのお子さんを持つ親同士の家族会に
参加することで，ご家族のストレスが軽減することが
明らかにされています（植田ら，2005）。気持ちにゆ
とりを持つ一つの方法として家族会に参加されること
をお勧めします。付録にKHJ家族会の支部リストを掲
載しましたので参考にしてください。

4．今後の取り組みについて

　図10に今後の取り組みについてお子さんと話し合え
るようになるまでの過程を7つのステップにまとめま
した。
　STEP1は，ひきこもりの理解と家族関係のメカニズ
ムについて理解することです。ひきこもりについて理
解するために，①ひきこもる人と共に生きていくため
にの章を，まずは読みましょう。②問題行動の理解で
は，本プログラムの大切な技法である機能分析につい
て理解を深めましょう。また，お子さんに発達障害の
可能性がある場合，オプション2「発達障害がある場
合のポイント」についても読むようにしましょう。
　STEP2は，深刻な家庭内暴力がないかです。もし，
深刻な家庭内暴力がある場合は，③暴力的行動の予防
を参考に，まずは家族の安全を最優先にした対応をと
りましょう。ただし，かなり深刻な家庭内暴力がある
場合は，オプション1「"かなり危険な状況"に備え
る」を実施してください。

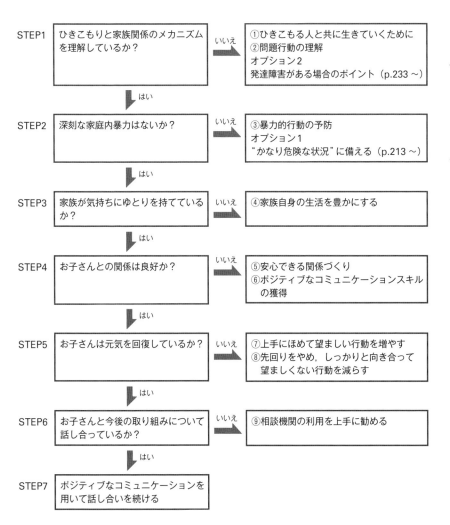

図10　今後の取り組みについて話し合えるまでの過程

STEP3は，家族が気持ちにゆとりを持てているかという点です。お子さんに穏やかに接するには，家族に気持ちのゆとりがなくてはいけないことはすでに述べました。家族の気持ちにゆとりがない場合は，④家族自身の生活を豊かにする，もしくは家族自身のための支援を受けることを優先しましょう。

STEP4は，お子さんとの関係が良好かという点です。今後の取り組みについて話す上では，お子さんとの良好な関係が必須であることはすでに述べたとおりです。お子さんとの良好な関係が築けていない場合，⑤安心できる関係づくり，⑥ポジティブなコミュニケーションスキルの獲得を再度実践しましょう。

STEP5は，お子さんが元気を回復しているかという点です。お子さんに元気がなければ，今後のことについて話し合う意欲もわいてきません。お子さんが元気になるような接し方として，⑦上手にほめて望ましい行動を増やす，⑧先回りをやめ，しっかりと向き合って望ましくない行動を減らすといった回で学んだことを実践しましょう。

STEP6は，お子さんと今後の話し合いをしているかという点です。これまでのプログラムで学んだことを活用できていれば，お子さんと今後の取り組みについて話し合うことができるようになっていると思います。その上で今後の取り組みについて話し合えていない場合は，⑨相談機関の利用を上手に勧めるといった回で学んだことを実践してみましょう。

STEP7は，ポジティブなコミュニケーションスキルを用いて話し合いを続ける段階です。お子さんがすぐには動きださなくても，ポジティブなコミュニケーションスキルを用いて話し合いを続けていきましょう。STEP7の段階が維持できれば，お子さんや家族の生活

は「価値ある生活」であり続けるでしょう。

オプション **1**

ご家族向け

"かなり危険な状況"
に備える

1. はじめに

　第3回では,「暴力的行動の予防」について学びました。しかし場合によっては,「暴力的行動の予防」をしても暴力的行動が収まらず,家族が身の危険を感じるほどの"かなり危険な状況"に近づいていくことがあるかもしれません。また"かなり危険な状況"には,家族への暴力的行動だけではなく,自傷行為や自殺をほのめかす言動など,お子さん自身へと危険の対象が向いている場合もあるかもしれません。この章では,それらの"かなり危険な状況"について整理し,どう備えたらよいか検討します。この章は必ず支援者と一緒に行いましょう。

2. "かなり危険な状況"の背景

　今回は,Gさんの例とHさんの例から,"かなり危険な状況"に近づいていく背景を学んでいきましょう。

　Gさんは48歳の女性です。17歳の息子のひきこもりと家庭内暴力に悩んでいます。

エピソード G さん

　G さんの息子さんは現在 17 歳です。息子さんは中学のときにいじめられ，不登校になりました。息子さんは対人不信感が強く，どこにも相談に行きたがらない状況です。G さんだけがあちこち相談に行き，支援機関から「なんとか本人を連れてくるように」と説得されたため，G さんは息子さんを半ば強引に連れ出そうと何度か挑みましたが，そのたびに激しく抵抗されたため，うまくいきませんでした。

　息子さんは今も過去のことを思い出すようで，時々部屋の中で暴れる音がします。また，G さんが再度無理に自分をどこかに連れていこうとすると考えるようで，息子さんは，G さんが話しかけるだけで興奮し，G さんを突き飛ばしたり物を投げたりするとのことです。

　G さんは支援機関から，「暴力時には警察を呼んでください」と言われましたが，警察を呼んだら余計事態が悪化するような漠然とした不安があるため，とても警察を呼ぶ気にはなれません。また静かな田舎町に暮らしているため，パトカーが来て近所を驚かせてしまうことも G さんとしては避けたいのです。

　G さんは支援機関の「なんとか本人を連れてくるように」という助言にも「暴力時には警察を呼んでください」という助言にも従えないことを申し訳なく感じ，支援機関への足が遠のき始めました。G さんは息子さんと二人暮らしで，他に誰を頼ったらよいかもわかりません。G さんの心の中には，「中学のとき，もっと早くいじめに気がついてあげられていれば……」という想いと，「私自身，気力も体力もなくなってきた……」という想いがあります。

次にHさん58歳男性の例を見てみましょう。25歳になる娘さんのひきこもりと希死念慮（死にたい・消えてしまいたいと考える）に悩んでいます。

エピソードHさん

　Hさんの娘さんは現在25歳です。大学卒業後，就職活動がうまくいかず，とじこもるようになりました。娘さんは「自分には生きる価値がない」「自分は社会に不要な存在だ」「消えてしまいたい」と言うようになり，食事もほとんどとらなくなってしまいました。

　Hさんは，娘さんが抑うつ的な状態なのではないかと感じていますが，娘さんは病院や相談機関に行くことを拒否します。

　Hさんだけ，相談センターに行ったことがあり，その時「状況を考えると精神科病院に相談した方がいい」との助言を受けましたが，精神科病院の予約を取ろうとHさんが思い切って電話をかけてみたところ，「本人が来ないと何もできない」と言われました。

　Hさんは，自分自身の定年退職が迫ってきていることもあり，心理的にも経済的にもおいつめられ，途方にくれています。

　GさんとHさんの例で見たように，"かなり危険な状況"に近づいていく過程や，そこから抜け出しづらい要因は，1つだけではありません。

　信頼できる支援者と一緒に，想いや状況を整理し，今後の方向性を検討していくことが重要です。

3. "かなり危険な状況" を整理する

　GさんとHさんの例で見たように，"かなり危険な状況" には，さまざまな要因が絡み合っていることが多いものです。またそうしたさまざまな要因について，家族が「家庭内の事情を外で話すのは恥ずかしい」「相談してみたことがあるけれど，うまくいかなかった」と，誰かに話すことをためらうこともよくあります。ここでは，家族の気持ちを大切にしながら，無理のない範囲で，状況を支援者と一緒に整理していきましょう。
　以下に，相談場面でよく話される

　　　①家族の要因
　　　②本人の要因
　　　③地域の社会資源［施設・制度］の要因

の例があげられています。どれが当てはまるか，当てはまらないか，支援者と一緒に無理のない範囲で整理してみましょう。

①家族の要因
●よく聞かれる家族の気持ち
　▷恥ずかしい
　　例「家族が解決するべきことなので，外で話すのは恥ずかしい」
　▷情けない
　　例「子育てがうまくいかなかったのは，親の責任だ。情けない」
　▷不安
　　例「誰かに相談したらもっと状況が悪くなってし

まうのではないかと，漠然と不安である」

▷恐怖

例「誰かに相談していることを子どもに知られた
ら激怒されるのではないかと思うと怖い」

▷相談しても理解してもらえないだろう

例「以前専門機関に相談したけれど，逆に家族が
批判されつらかった」

▷地域の関係性への心配

例「パトカーや救急車の音で，近所の人が驚いて
しまうのではないか」

▷その他

● よく聞かれる家族の状況

▷経済面の心配

例「自分自身の定年退職のことを考えると焦って
しまう」

▷気力面の心配

例「自分自身，中年期に入り気力の低下を感じる」

▷体力面の心配

例「体力的に，子どもにはもう勝てない」

▷社会的ネットワークの心配

例「親戚もおらず，頼れる人が他にいない」

▷その他

• どれが当てはまるか，当てはまらないか，支援者と一緒に無理のない範囲で
整理してみましょう。

整理してみての感想：

②本人の要因（家族の想像だけか，本人の言動からの
予測かについても整理しておきましょう）
- よく聞かれる本人の気持ち
  - ▷恥ずかしい
    - 例「同級生に会うのが恥ずかしい」
  - ▷情けない
    - 例「自分だけ社会のレールから外れてしまった。
      情けない」
  - ▷不安
    - 例「将来については，不安しかない」
  - ▷恐怖
    - 例「何か新しい行動を起こしたときに，失敗する
      のが怖い」
  - ▷相談しても理解してもらえないだろう
    - 例「以前相談したときに，頭ごなしに自分の考え
      を否定され，支援者の考えを押し付けられた」
  - ▷地域の関係性への心配
    - 例「知り合いに見られたくない」
  - ▷その他
- 本人の状況を整理しておきましょう
  - ▷経済面
    小遣い（　　　　　　　円／月），その他の収入・貯
    金（　　　　　　　　）
  - ▷気力面
    食欲（　　　　　　），睡眠（　　　　　　　），
    風呂（　　　　　　），趣味（　　　　　　）
  - ▷体力面
    一日の流れ（　　　　　　　　　　　），
    外出機会　（　　　　　　　　　　　）

▷社会的ネットワークの心配

連絡をとりあっている人とその手段

（　　　　　　　　　　　　　　　　　　　　　　）

▷その他

● どれが当てはまるか，当てはまらないか，支援者と一緒に無理のない範囲で
整理してみましょう（家族の想像だけか，本人の言動からの予測かについて
も整理しておきましょう）。また（　　）の中を埋めてみましょう。

整理してみての感想：

---

③地域の社会資源［施設・制度］の要因（家族の想像
だけか，以前の実体験からの予測かについても整理
しておきましょう）

▷医療

例「家族が電話をかけてみたことがあるが，本人
が来ないと何もできないと言われた」

「どこも予約待ちでいっぱい」

▷警察

例「警察に相談をした際，『それは病院に相談し
た方がよい』と助言されたが，病院にいざ相談
すると，『本人が来ないと何もできない』と言わ
れた」

▷役所

例「役所に相談に行った時期もあったが，毎年担
当者が変わり，そのたびに一から話をしなおさ
なくてはならず，疲れてしまった」

▷その他

- どれが当てはまるか，当てはまらないか，支援者と一緒に無理のない範囲で整理してみましょう（家族の想像だけか，実際の経験からの予測かについても整理しておきましょう）。

整理してみての感想：

4. "かなり危険な状況"に備える，「いざというとき計画」

　3.で整理した状況を踏まえて，次に，どのように"かなり危険な状況"に備えたらよいか，支援者とともに，「いざというとき計画」を立ててみましょう。"かなり危険な状況"に備えることは，家族だけでなく，本人を守ることにつながります。また，よく計画された介入により，新たな，プラスの展開につながることも多いものです。

　一方で，医療，警察，役所では，職員はそれぞれの法律に基づいて仕事をしていますので，当然，それぞれの機関ごとに，できること・できないことがあります。またスピード感も，それぞれの機関が抱える状況によって異なってくるでしょう。「いざというとき計画」は，そうした実情を踏まえ，実効性があるものでなくてはいけません。ここでは支援者と一緒に，安全で，実行可能な，"かなり危険な状況"に備える計画，「いざというとき計画」を立ててみましょう（注意：計画は立てますが，いかなるときも計画通りに進めることよりも安全が最優先であることを何度も確認しましょう）。

①いざというとき，を特定する

　本人のどのような行動が，どのような状況で，どれくらいの強さ（深刻さ）で，どれくらいの期間続き，どのようにしたら収まったか，また，その行動がおこる直前の本人の兆候や周囲からの刺激はどうだったか，特定してみましょう。そして，最近ではそれがいつ見られたか，そのとき周囲にいた人がどのように対応したか，それに医療・警察・役所などが関与したことがあるかについても書いてみましょう。

　複数の心配な行動がある場合は，できるだけたくさん出してみましょう。

- どのような行動が：＿＿＿＿＿＿＿＿＿＿＿＿＿＿＿＿＿＿

　どのような状況で：

　どれくらいの強さ（深刻さ）で：

　どれくらいの期間続いた：

　どのようにして収まったか：

　その行動がおこる直前の本人の兆候や周囲からの刺激

- 最近ではいつそれが見られたか：＿＿＿＿＿＿＿＿＿＿＿

　そのときの周囲の対応：

　医療・警察・役所の関与の有無〈いつ・どのように〉：

②計画を立てる

　①の状況に対して今後どのように対応したらよいか，支援者とともに「いざというとき計画」を立てておきましょう。この計画は，①の「その行動がおこる直前の本人の兆候」などが見られたら，誰が何を具体的にするか，あらかじめ考えておくためのものです。ただし，計画はあくまでも計画ですので，いかなるときもその時の安全最優先で取り組みましょう。

　その際，第3回で行ったように，計画は，家族が実現可能で，家族のコントロール下にあり，家族がそれを行うスキルをすでに身につけている必要があります。そのためしばしば，たとえば「まずは，家族と支援者とで，何もないときに一度警察に相談に行っておく」「あらかじめ家族と支援者とで，医療機関に家族相談に行っておく」などのスモールステップ（最初の小さなとりかかりと，その積み重ね）が必要となることがあります。そうした必要な準備も考えてみましょう。スモールステップや準備を記入する際は，「来週中に○○病院に電話をかけてみる」など，いつまでに何を行うかも，できるだけ現実的・具体的に検討して書いてみましょう。

　この計画は基本的に，危機介入は権限がなくてできないが，家族の気持ちによりそいながら家族の支援をする支援者（**家族ニーズによる家族支援者**），法律に基づき危機介入をする機関（**危機介入機関**），本人によりそいながら本人の支援をする支援者（**本人ニーズによる本人支援者**）が役割分担をしながら，実施します。計画は実現可能である必要があるため，計画を一緒に作成している支援者とここにでてくるその他の関係機関とで，打ち合わせを充分に行っておく必要があります。また，計画がうまくいかなかった場合に備え

てバックアッププランも考えておきましょう。バックアッププランについても，もちろん，家族が実現可能で，家族のコントロール下にあり，家族がそれを行うスキルをすでに身につけているか確認しましょう。

いざというとき計画

本人のこの兆候が見られたら：

家族がすること：

誰が：

何をする：

＊必要なスモールステップや準備

危機介入後に考えうる状況：

本人：
　反応
　考え
　気持ち

家族：
　反応
　考え
　気持ち

危機介入機関 がすること：

誰が：

何をする：

＊いつまで介入し続ける

＊介入が終わったらどうする

＊機関ができることとできないことの確認

＊本人ニーズによる本人支援者へのつなぎ方の確認

＊必要なスモールステップや準備

家族ニーズによる家族支援者 がすること：

誰が：

何をする：

＊機関ができることとできないことの確認

＊危機介入機関との連携のとり方の確認

＊本人ニーズによる本人支援者との連携のとり方の確認（個人情報の取り扱い）

＊必要なスモールステップや準備

本人ニーズによる**本人支援の可能性の検討**

本人ニーズによる本人支援者 がすること：

誰が：

何をする：
＊機関ができることとできないことの確認

＊必要なスモールステップや準備

バックアッププラン（うまくいかなかったときの計画）
＊家族がすることがうまくいかなかった場合は，

＊支援者や機関との連携がうまくいかなかった場合は，

▷いざというとき計画の書き方例

例 17歳の息子さんからの暴力がエスカレートしてきていることに悩むお母さんと，支援センター職員とが中心になって立てた計画

いざというとき計画

本人のこの兆候が見られたら：
目つきがかわって物にあたりだす

家族がすること：

誰が：母が

何をする：携帯電話を持って外に逃げて安全確保。その次に110番する。

＊必要なスモールステップや準備
　110番したらどうなってしまうか全然わからないから（パトカーのサイレンをならさないでほしい），地元交番に，支援センターの人と来週相談に行って聞いてくる。

危機介入後に考えうる状況：

本人：
　反応　　落ち着く
　考え　　「本当に呼ぶんだ……」
　気持ち　びっくりするが引きずらない
家族：
　反応　　まだ想像がつかないが，きっと落ち着く
　考え　　「お隣さんに迷惑かからなかったかしら……」
　気持ち　安心

危機介入機関 がすること：

誰が：地元交番

何をする：安全確保，少年サポートセンターに連絡をしてくれる

＊いつまで介入し続ける
　暴力があれば必ず

＊介入が終わったらどうする
　本人へ「警官が帰った後に仕返ししないか見回りを強化する」と言い，実際にそうしてくれる（母とのうちあわせでこの言い方がよいだろうということになった）。

＊機関ができることとできないことの確認
　来週相談に行った際に確認する。

＊本人ニーズによる本人支援者へのつなぎ方確認
　少年サポートセンターと地元交番とであらかじめ連絡をとっておき，いざというときに備えてくれている。

＊必要なスモールステップや準備
　110番してからのそれぞれの動きについて来週相談に行った際にシミュレーションする。

家族ニーズによる家族支援者 がすること：

誰が：支援センターのスタッフ

何をする：関係機関と連携をとってくれる。家族の話を整理してくれる。

＊機関ができることとできないことの確認
　家族と一緒に関係機関に行くことができる。家族のための支援会議を調整して開くことができる。
　危機介入はできない，夜間や土日祝日は対応できない。本人へ強制的に何かはできない。

＊危機介入機関との連携のとり方の確認
　直接訪問と電話でやりとりしてくれる。

＊本人ニーズによる本人支援者との連携のとり方の確認（個人情報の取り扱い）
　基本的に本人の同意が必要

＊必要なスモールステップや準備
　今のところなし

本人ニーズによる
本人支援の
可能性の検討

┌─────────────────────────────────┐
│ **本人ニーズによる本人支援者** がすること： │
│
│ 誰が：少年サポートセンター
│
│ 何をする：本人によりそって本人の話を聞いてくれる
│ ＊機関ができることとできないことの確認
│ 　まだわからないので，支援センターの人と今月中に
│ 　一緒に相談に行って聞いてくる。
│ ＊必要なスモールステップや準備
│ 　上に同じ
│
└─────────────────────────────────┘

┌──┐
│ **バックアッププラン（うまくいかなかったときの計画）** │
│ ＊家族がすることがうまくいかなかった場合は，
│
│ どうしても110番するふんぎりがつかない場合は，友人の○○さんか，●●さんの家に行く。あらか
│ じめ2人には相談済み。まずは2人と連絡をとり気持ちを落ち着かせる。
│
│
│
│ ＊支援者や機関との連携がうまくいかなかった場合は，
│
│ できるだけ早く支援センタースタッフに連絡をいれ相談する。
└──┘

＊もう一度，計画が，家族にとって実現可能なものに
なっているか，家族のコントロール下にあるか，家
族にそれを行うスキルが身についているか，振り
返ってみましょう。

＊計画の書き方が，簡潔で，具体的で，測定可能であ
るか見直してみましょう。

＊スモールステップと準備には，それを達成する時間
設定も書き込まれているか確認しましょう。

③計画のシミュレーションを何度もする

　Hさんの例で見たように，しばしば，関係機関の間
で連携がスムーズに行かなかったり，結果的に"たら
いまわし"のようになってしまったりすることがあり
ます。

　「いざというとき計画」が本当に実行できそうか，ま
た，実行することでリスクや考えられる障害はないか，
皆で多角的に検討しておくことが必要です。その際，
事前に関係機関が一堂に会して顔を合わせておくこと
ができるとさらに安心です。多角的に検討する中でで
てきた新たな課題や，必要なスモールステップや準備
を，どんどん計画に書き足していきましょう。また，
関係機関の職員さんが異動することがありますので，
少なくとも年に数回は関係者間で「いざというとき計
画」を確認し，シミュレーションしておく必要があり
ます。

④計画の実施➡再計画➡……

　「いざというとき計画」を実際に行っていた場合，結
果はどうだったでしょうか？　計画どおりにいったこ
ともあれば，計画どおりにいかなかったこともあった
のではないでしょうか？

このような計画は，最初から完璧に行えることは，まずありません。計画を立て，やってみて，改良が必要なところを再検討し，修正版の計画を立てる。そしてまたやってみる，……というサイクルが重要なのです。支援者と一緒に，このサイクルを，慌てず，丁寧に行っていきましょう。

5. 本章をご家族と一緒にお読みくださっている，支援者の方へ

　日本は現時点のところ，外国の一部の国で行われているように，司法と医療と福祉が一体的に動くというような体制にあまりなっていません。そのため，制度や行政の垣根を超えた支援をするためには，コーディネーター的なはたらきをする人――たとえば，機関間の情報収集を行ったり，支援者会議の調整を行ったりする人――が必要になってくるでしょう。コーディネーター的な働きをする人は，治療（支援）構造を整理し，誰が誰の支援者なのか，また，それぞれの本来的な役割や，できること・できないことなどを互いに確認し合えるよう促すとよいでしょう。

　関係機関間の連携がスムーズにいかない場合，多くは担当者の問題ではなく，システムができていないことや，互いに互いの職域や法的根拠，できること・できないことの理解をし合えていないことに原因があります。まずは互いの領域を知り合うことが必要なのです。そのためによく行う方法は，いきなり家族に他機関へ行ってもらったり，支援者会議を開いたりするのではなく，まずは支援者が，家族の個人情報は伏せた上で，「一般論として話せる範囲でよいので，相談に

乗っていただきたい」と伝え，まずは支援者自身が他の機関の支援者に話を聞いてもらうことです。1度や2度ではわかり合えずとも，何度かやりとりをしているうちに，それがやがて小さなつながりになり，それが広がるとネットワークになっていくのです。必要に応じて，まずは顔を合わせ事前に挨拶をしておくのもよいでしょう。

　こうした活動から見えてきた地域の課題を，さまざまな地域の協議会などの中で取り上げていくことも重要です。地域の課題が整理され，地域のネットワークやシステムが整ってくると，個別の相談もスムーズにいくようになります。地域づくりと，個別の支援は，本人と家族を支える両輪であり，さらに互いに影響を及ぼし合うものです。

オプション**2**

支援者向け
発達障害がある場合の
ポイント

1. はじめに

①発達障害特性を背景とするひきこもり支援について

　厚生労働科学研究「ひきこもりの評価・支援に関するガイドライン」(齊藤，2010) において，発達障害・知的障害群への支援は「発達特性に応じた精神療法的アプローチや生活・就労支援が中心になる」と述べられています。ただ，発達障害特性を背景とするひきこもり支援においても，初回相談者は家族であることが多く，CRAFT による介入が期待されます。

　お子さんの診断状況については，幼少期に診断を受けている方もいますが，未診断状態の方も多い状況です。いずれにしても，ライフステージを通した適切な支援を継続的に受けることができず，さまざまな形で生きにくさを増大させた結果として，ひきこもり状態に至るという経過をたどる方が多いです。

　一方で，未診断の場合は家族にとっても，思春期・成人期にお子さんがひきこもり状態になって初めて「発達障害」というワードに直面化されることが想定されます。家族にとっては「発達障害」という言葉は知っていても，これまで心理教育を受けたことはなく，『ひきこもりの要因の1つに発達障害が関連しているのではないか？　対応策がまだあるのではないか？』という疑問や期待と，『本当に診断がつく状態だったらどうしよう』という心理的な葛藤状態をもち初回相談に来所されることがあります。

　そのため，家族支援の第一歩として「正式な診断は，医療機関へ受診しないと分からない」と伝えながらも，成育歴の聴取後に，発達障害特性が疑われた場合は，『お子さんの生きにくさを知る手立て』として，

フォーマルアセスメントを勧めることになります。

②アセスメントの実施

（1）フォーマルアセスメント

　発達障害の中でも特に自閉症スペクトラム障害（以下，ASD）がひきこもりの背景として疑われる場合には，PARS-TR（親面接式自閉スペクトラム症評定尺度テキスト改訂版：一般社団法人発達障害支援のための評価研究会，2018）の受検が望まれます。検査を導入する狙いとしては，本人の特性アセスメントはもちろん，家族にとってもASD特性の理解を深める機会になりますので重要なセッションとなります。

ポイント ❽　PARS-TR実施時のポイント

　ASD特性のある方の場合でも，受け身タイプの方は，家庭内で自発的なコミュニケーションがほとんど見られず，お子さんペースではあるものの安定的な生活を送られている場合があります。
　また，自室にひきこもることで家族間のかかわりが途絶えている場合は，現在評定でカットオフ値に満たない場合も少なくありません。カットオフ値を計るというよりも，現在の生活の中で，こだわりや変更の苦手さなど，どのようなASD特性が現状に関連している可能性があるのかを整理していく視点が有用です。

（2）発達障害特性と二次障害

　お子さんがASD特性を背景にもつ場合は，どのような特性を有しているのかを整理していくことになります。さきほどのPARS-TRの受検後に一度特性を整理するセッションを設け情報をご家族と共有しましょう。これまで家族を含めた他者に困っていることやSOSを出すことが苦手で，一人で問題解決を図り，うまくい

かなかったことが多かったのではないでしょうか？このような場合，安心して誰かに相談することや，相談を通して問題を解決できたという経験が少ないことや，想像力の苦手さという特性が影響し，相談や受診を促されても良いイメージが持ちにくい場合があります。また，二次障害が併発している場合も少なくありません。そのため，支援においては，ひきこもりの背景要因として，発達障害特性の把握とともに二次障害の有無に関するアセスメントも想定しておきましょう。

ポイント ❾　アセスメント時のポイント

1. 発達障害に特化したフォーマルアセスメント（PARS-TR 等）の実施による特性の整理

（ASD 特性の例）

• 興味関心の限局が強い場合

　　成人すれば就労し，経済的・精神的・社会的に自立した生活を送りたいという，自然欲求が起こりにくい方もいれば，社会に出るための自発的な準備行動をとりにくい方もいます。これまでの進路選択や就職活動時のエピソードなどからどのような自己選択・自己決定をされてきたのかをお聞きしましょう。

• 受け身タイプで自己表現が苦手な場合

　　困っていることがあっても，それをどのように表現し，援助を求めていいかが分からず，問題が長期化・複雑化してしまい，自分ではどうしていいか分からなくなっている方もいます。これまでの困ったときの解決方法やどのように対処してきたのかをお聞きしましょう。

• 0：100 思考が強く，柔軟的思考に難しさがある場合

　　固有の思考のこだわりがあることで，他者の意見が入りにくいことがあります。また，生活上のルーティーン（たとえば，決まったものしか食べない）が固定化している人もいます。昼夜逆転の場合でも，本人なりのこだわりがどこにありそうなのかという視点でお聞きしましょう。

2. 二次障害の把握

　　たとえば，視線恐怖や身体醜形恐怖などの不安症状，自宅内でのルールなどに関する強迫症状，興味関心など意欲に関する抑うつ症状なども生きにくさの理解のためには必要です。特に繰り返されるフラッシュバックの内容や，家庭内暴力のリスクが高まるような家族内での禁句（NG ワード）がある場合は，早めに確認しておきましょう。

③発達障害特性のある場合の本人の生きにくさ

（1）ひきこもりの経緯

　発達障害特性を背景とするひきこもり状態にある方も，ひきこもりにつながる経緯はさまざまです。早い方では，幼児期や学齢期から不登校・園を経験し，義務教育終了後もそのままひきこもり状態になられる方もいます。他にも，高校や大学に進学したものの中退したことが契機になり，ひきこもり状態になられた方や，大学や専門学校等を卒業後，就職活動がうまくいかなかったことが契機となりひきこもり状態になられた方，就職したものの離転職を繰り返すなかで精神疾患を患うことや，就労意欲そのものが失われたことでひきこもり状態になられた方など，ひきこもりの開始時期も要因もさまざまです。

　幼少期に診断を受けておられた方でも，ライフステージのどこかで支援の切れ目が生じることや，環境とのミスマッチにより不適応が起こる場合もあります。未診断で過ごされてきた方も含め，周囲との違和をいつしか感じていたという方も少なくありません。そして，その理由が分からず周囲とうまくなじめないことで自責感を強め，自身の苛立ちを家族に対し，暴言や暴力の形で転嫁してしまっている場合もあります。ただ，どの方も学校や会社など集団の場で本人なりに最

大限努力した結果として，不適応状態が起こり，現状のひきこもり状態に至ったことが理解できます。まずは，本人がひきこもり状態に至るまで学校や社会の中で精一杯努力してきたということを受け止めることから本人理解が始まります [1]。その上で，本人の発達障害特性を理解し，CRAFTで学んだかかわりを継続することが，ひきこもり状態からの回復を早めます。

（2）高学歴とライフスキル [2] の乖離

発達障害特性をもつ方の場合，有名大学を卒業もしくは中退されている方も少なくありません。ただ，高学歴の方でも就職活動や就職直後に生きにくさが顕在化することがあります。これは，発達障害特性からくる生きにくさが学習成績の高さにより，それまで気づかれにくい状態が続いていたとも考えられます。また，発達障害特性がある方の場合，学力に比べライフスキルが未学習・未獲得であるため，自身の将来設計について検討することが苦手な場合があります。ある方は「学生時代は決まった生活を送れば点数も取れて大丈夫だったけど，学生時代が終わると急に生きていく上でのレールがなくなって，どうしていいか分からなくなった」と戸惑われていました。お子さんも家族もこの戸惑いは大変大きなものと言えます。

④発達障害特性がある場合の家族の生きにくさ
（1）「発達障害」に対する葛藤

近年，発達障害支援では「早期発見・早期支援」という考えがスタンダードになっています。1歳6カ月健診や3歳児健診，5歳児健診などで発達面の指摘を受け，就学前から継続して適切な療育支援を受ける幼児・児童も少なくありません。ただ，ひきこもり状態

[1] ただし，家庭内暴力を受け入れて家族が我慢するという意味ではありません。

[2] ライフスキル：身だしなみや金銭管理等の生活スキルを含む，生きていくために必要なさまざまな能力

にある方の中には，発達障害特性が，周囲からは気づかれにくく，支援が届かない状態で生活を送らざるをえなかった方もいます。そのような場合は，家族も『少し他の子どもと違う』という違和を感じていても，不登校など目立った不適応状態が起きなければ，「発達障害」のワードに触れることがないまま過ごされます。家族にとっては，お子さんがひきこもり状態になって初めて「発達障害」を知り，そこから書籍等を読み進めることで，少しずつ「生きにくさの要因は発達障害にあったのかもしれない」と気づきを得る場合があります。その一方で，本当に「発達障害なのか？」という否認の気持ちも併せ持ち，葛藤状態が続く場合があります。

　このような家族の抱える葛藤に対しては，CRAFT導入前の事前セッションで丁寧に扱うことをお勧めします。発達障害特性がひきこもりの背景にある場合は，発達障害支援でこれまで培ってきた支援方法が応用できる可能性があり，まだ家族としてできることが大いにあるということを確認しましょう。事前セッションでは，機能分析を通して，これまでの出来事を整理し，なぜそのような行動が起こったのかを確認していきます。そうすることで家族によるお子さんの特性理解が進み，『なぜ？』という疑問が『どうしたらいいか？』と具体的な対応を考える段階に進みます。このように家族の動機づけが高まった状態になればCRAFTを始めるときです。

（2）発達障害特性からくるコミュニケーションの
　　とりづらさ
　ひきこもり状態では，家族間の会話などの関係性が薄れることも少なくありません。ただ，発達障害特性

がある場合は，ほかにも下記の傾向について，ひきこもり状態以前から感じている場合もあります。どのような家族間のコミュニケーションのとりづらさがあったのか，家族としてどのような悩みを持ちながら家庭内でかかわってきたのかを確認してみましょう。

コミュニケーションのとりづらさから感じる家族の生きにくさ

（例）

- 一方通行の会話についていけない困惑感
- 受け身タイプの場合は，話しかけても無反応が多いことによる無力感
- 二次障害的に本人が被害的，猜疑的，攻撃的な物事のとらえ方が強まっており，その結果，親を責める言葉や，脅しのようなセリフを言われることへの疲弊感や恐怖感
- 唸ることや，地団太を踏むなど非言語で感情を表出されることへの戸惑い感
- 実年齢に比べ，精神的に幼いと感じる言動に接したときの違和感や虚脱感

（3）ひきこもりとカサンドラ症候群

近年，発達障害特性のある方をパートナーにもつ方が頭痛や不眠，抑うつ症状など夫婦生活を送る中でストレスフルになり心身の安定を欠くことが「カサンドラ症候群[3]」という名前で注目されています。平生ら（2018）の介入結果では，お子さんのひきこもり問題だけではなく，一方の親が同じく ASD 特性がある場合，母親（もしくは父親）は家庭内で二重の生きにくさを抱え，孤立的でストレスフルな状況であることが報告されています。このような場合，ひきこもり家族相談以外にも夫婦関係の相談も検討しましょう。

[3] カサンドラ症候群は正式な診断名ではありません。

ポイント ⑩ ひきこもりとカサンドラ症候群への対応時のポイント

　母親がCRAFTを学び家庭内でのかかわりを進めているとき，叱責など全く別の効果的でないアプローチをASD傾向のある父親が行うことがあります。父親もお子さんのことを心配し，かかわっていることが多いのですが，CRAFTの目指す方向と異なるような場合は，以下の手だてを考え，セッション内で練習（シミュレーション）してみましょう。

1. ポジティブなコミュニケーションスキルを使い，父親に具体的な役割を依頼する。

　（小言や説教，叱責が多いときの例）

　　母親から父親に対して，「本人が何か要求してきたときに答えてあげてほしい。それまでお父さんは待ってあげる役割をお願いしたいんだけどいいかな？」と依頼する。

2. お子さんと父親間の代弁者役になる。

　（お子さんが父親の言動に対して納得がいかないときの例）

　　母親から本人に対して，「お父さんも感情の表現が苦手ね。でも，本当はあなたのことを心配していると前に言っていたよ」と伝える。

3. 家族自身の生活を豊かにするプログラムを重点的に行う。

　　1.や2.のかかわりを続けるのも気力体力が必要になりますので，まずは母親自身の生活を豊かにする取り組みを重点的に行いましょう。

2. 発達障害特性に応じたプログラムの工夫

①プログラム導入時の工夫

　CRAFTを開始する初回にあたっては，下記のポイントを家族に伝え，これから始まるCRAFTへの動機づけを高めましょう。

（1）厚生労働省による，「ひきこもりの評価・支援に関するガイドライン」の内容を説明し，ひきこもりの背景要因として発達障害とどのように

[4] ただし，未診断状態に配慮し，医師以外の支援者は家族に対して診断名の断定的な発言は控えましょう。

かかわりが深いのかを説明する [4]。

(2) これまでの実践研究で，発達障害特性を背景とするひきこもり家族支援においてもCRAFTによるエビデンスが蓄積されてきていることを伝える。

(3) CRAFT全体を通して，「特性理解の視点」を持つことが有用であることを伝える。

②問題行動への対応と工夫

発達障害特性のある方の場合，問題行動の理解と対応として以下の点を考慮しましょう。

(1) TEACCHプログラムの氷山モデル（田川，2002）の視点を加えると家族の理解が得やすい場合があります。

(2) その上で機能分析を進め具体的な対応方法を検討しましょう。

(3) また，発達障害特性による特有の問題行動として，誤学習の問題と未学習の問題についても触れましょう。

○誤学習……これまで身についてきた間違った理解。たとえば，ネット注文した代金はすべて親が払ってくれるパターンを繰り返していくと，『親が払って当たり前』という間違った理解が強まります。

○未学習……これまで経験したことがなく成功体験もないために，どのように対処していいのかが分からない。たとえば，父親と2人で会話をするという経験をしていないために，家の中で父親を回避し

て過ごす人もいます。どのように話していいのかが分からず，不安が高まっている状態です。

③暴力的行動の予防での工夫

　CRAFT を取り組みながらも，残念ながら家庭内暴力が強まってしまった場合の対応として，警察通報による医療機関受診の流れを念のため確認しておきましょう。発達障害特性のある方の場合，いじめなど過去の不快な事象が原因でフラッシュバックがあると家庭内暴力のリスクが高まるため慎重な対策が必要です。

　ただ，警察介入による入院をきっかけに，薬物療法等を受けることで二次障害へのアプローチが開始できたというケースもあります。詳しくは，オプション1「"かなり危険な状況"に備える」を参照ください。

④ポジティブなコミュニケーションスキルでの工夫

　発達障害特性のある方の場合，ポジティブなコミュニケーションに以下の点を考慮しましょう。

（1）発達障害の中でも特に ASD 特性のある方の場合は，ポジティブなコミュニケーションスキルの中で「自省を促す」ことは難しいため，代わりに「私は〜」という I メッセージを加えましょう。これは，主語述語関係をとらえるのが苦手で，誰が誰に言っている話なのかがつかみにくいという特性に対応できます。

(2) 8つのポジティブなコミュニケーションスキル以外の工夫

- 「心の理論」の視点を加える

　ASD特性がある場合は，曖昧で抽象的な表現は伝わりづらいため控えましょう。『それぐらい分かっているはず』，『伝わっているはず』という暗黙の了解の難しさがあるため，家族はあえて「ありがとう」，「助かったよ」というポジティブな感情を言語化して伝えていきましょう。

- 手紙やメモ作成時には，ソーシャルストーリー™（グレイ，2006）の視点を活用する

　家族がお子さんと自宅内でも会えない場合は，手紙を書くという方法をとる場合があります。その際に有用な視点として，ソーシャルストーリー™という支援技法があります。ソーシャルストーリー™自体は文章作成時の公式がありますが，否定文や指示文よりも事実文や肯定文を多用するという考えは有益です。また手紙は，相談場面で一度確認してからお子さんが読むとどのような受け取り方をするのかも想定しておきましょう。支援者はソーシャルストーリー™に関する書籍だけではなく研修会に参加することも支援力向上に有用です。

- 受け身タイプの方の場合は，自己選択を促す工夫

　受け身タイプの方の場合，家族からの問いかけにも無言や俯く，固まるなどの無反応状態になることもあります。この状態は，お子

さんもどう答えたらいいか分からない場合や，反応のしにくさを感じており，その場を凌いでいる場合もあります。そのため，物や活動の要求と言った主張は起こりにくく，家族とのかかわりがほとんどないまま月日を過ごすことがあります。このような場合は，あえてかかわりを持てる機会をセッティングしていくことが重要です。たとえば，家庭内で一言も話さない生活をしていたとしても，明日の食事の内容を選択式で選んでもらうような試みを続けましょう。

例▷半年間，同じ種類のインスタントラーメンを食べ続ける本人に対し，母親が買い物に行く前にメモで何の種類を食べたいかのリクエストをすると本人がメモに○をつけて応答されていました。

⑤望ましい行動を増やすための工夫

(1) 強化子の選定上の工夫

　お子さんの興味関心の限局に応じてかかわることも支援に役立ちます。お子さんの好きな物や好きな活動などを見つけていきましょう。サブカルチャー等への理解を深めることも支援のコツになります。たとえば，アニメが好きな方でも，どのような番組が好きなのか，細かくリサーチできると支援情報としては大変有益になります。些細なことでも家族からの情報は支援者にとって，とても大切な情報であることを家族に伝えましょう。

　お子さんにとっては，自分の好きなことがあるのに，これまで話題を共有できる相手と出会うことができず，不満を感じている場合があります。家族や支援者は下

記のようなすべての強化子になりうる情報を熟知して
おくことは不可能ですが，話題に関心を示すことや，
詳しいことを教えてもらうという姿勢でかかわると関
係性が好転する場合があります。

強化子の例▷本人の興味関心がある深夜アニメ，声
優，YouTube などの動画，ゲーム，歴史，ス
ポーツ，政治，時事問題，等の情報。

（2）ほめ言葉が強化にならない場合もある
　ASD 特性のある方の場合，家族のほめる行動が逆に
本人にとって不快な体験となる場合があります。たと
えば，本人の『できて当たり前の自分（理想の自分）』
について 0：100 思考が働き，ハードルが非常に高く
設定されている場合があります。そのようなときに日
常の小さな出来事でほめられても本人にとっては納得
がいかない状態になる場合もあります。そのような場
合は，本人をほめるというよりは，家族からの「あり
がとう」などのお礼が言えるような家庭内の流れが作
れるように工夫してみましょう。

例▷お子さんがペットボトルのごみを自室に数年間溜
めていた。ごみを捨てやすいようにペットボトル
用のかごを家族が用意しそこに捨ててもらえるよ
うにメモでお願いすると，指定の日にお子さんが
ごみを捨てることができたので，家族は「ありが
とう」のメッセージを書いて伝えた。

⑥イネーブリング [5] をやめ，望ましい行動を増やすための工夫

[5] 助長するという意味。

イネーブリングを極端にやめると暴力のリスクが高まることがあります。そのため，イネーブリングは段階的に減らす作戦を相談場面で考え，イネーブリングをやめた場合にどのような反応が返ってくるのかをシミュレーションしておきましょう。また，望ましい行動を増やす工夫として，以下の点を参考にしてください。

①望ましい行動をしたときにほめる・認める
　例▷家の手伝いを少ししてくれたとき
　例▷久しぶりに一緒に外出ができたとき
②以前よりも少し改善したときにほめる・認める
　例▷自室にこもっていたのが，リビングに降りてきているとき
　例▷深夜の長時間にわたる心配事や不満の訴え話が約束の1時間で終わったとき
③問題行動を起こしていないときにほめる・認める
　例▷家庭内暴力がなく穏やかに過ごせているとき
　例▷誰かの悪口を言っていないとき

⑦家族の生活の質を高めるための工夫

発達障害特性とひきこもりという2つの問題を抱える家族にとって，安心して話せる場所や話せる相手というのは，地域差はありますが少ないものです。グループ支援など同じ境遇にある家族との出会いを促進することも家族の生活の質を高める工夫になります。

3. 地域連携を進める

①医療との連携

　発達障害の専門的な医療機関は全国的にも少ない状況が続いています。お子さんが受診を希望したとしても，初診は数カ月先ということもあり得ます。まずは，医療受診をお子さんが希望した場合でも，相談機関にもつながることを検討しましょう。ひきこもり支援では，家族以外の他者と継続的に出会えるということも大事なポイントになります。また，その際にお子さんが「障害」という看板が付くセンターに抵抗を示される場合もありますので，地域資源について事前に情報を集めておきましょう。地域資源については，発達障害者支援センターや市町の障害福祉担当課などに問い合わせすることをお勧めします。

②支援機関との連携

　CRAFT を進める中で，お子さんが自宅訪問であれば会ってみてもいいという回答を寄せてくれる場合もあります。自宅訪問によるアウトリーチ支援となると複数名（場合によっては複数機関）での実施が想定されます。その際には，関係者間で支援の方向性が一致しているか事前に確認しておきましょう。その際，以下の方法も参考にしてください。

ポイント ⑪　支援者間で共有しておくと望ましいかかわりの方のポイント

- 不安の高い中，少しの時間でも会えたことに率直なお礼を伝えましょう。暗黙の了解の苦手さを補うため，極力ストレートな感情表現のほうが望ましいです。

　例▷「初めての人と会うとすごく緊張すると思うけど，今日お会いできてすごく嬉しいです」

- 面談の初めにメモなどで5分，10分など選択肢を提示し，面談時間を自己決定してもらうことも有用です。不安の低減を図る意味でも見通しとして先に終了時間を決めましょう。

　また，本人との関係性がとれてきて話がスムーズになってきたとしても約束した終了時間は守るようにしましょう。もし，面談時間の延長を考える場合は再度本人の意思を確認することが望まれます。

- 話の展開上，面接時間が超過した場合は，終了時に「最初の時間より伸びてしまいすみません。でも，いろいろお話が聞けて良かったです」と率直にお詫びとお礼を伝えるとともに，「話すことは意外とエネルギーを使うので，明日疲れが出ないといいのですが」と伝え，面談後にリバウンドで疲れが出る可能性についても言及しておきましょう。

- 支援者は面談時間内の情報量が過多もしくは不足になっていないか注意が必要です。話の情報量が多いと本人の情報処理が難しくなる場合もありますし，情報量が不足していると本人の不安感を増大させてしまう場合があります。

- 本人が話をしてくれる場合は，共感的対応とともに，本人の言いたかったことが合っているかどうか確認をとる声掛けも意識しましょう。本人もコミュニケーションの苦手意識からうまく伝えられていないという不安を持ち続けている場合がありますので，支援者が理解できているということを伝え安心してもらえるように心掛けましょう。

- 面談自体をフローチャートやコミック会話（グレイ，2005）[5] 等により視覚化することでやりとりがスムーズになる場合もあります。また，支援者と視線を合わさなくてもいいという自然な設定ができますので，不安緊張が特に高い方の場合でも有用です。面談終了時に話した内容の確認にも利用できます。

---

[5] ASD 特性に応じたコミュニケーションを視覚化した支援技法。書籍だけではなく研修会に参加することも支援力向上に有用です。

あとがき

初めて役に立つ支援を受けました

　CRAFT プログラムを受けて，このような感想を述べる家族は少なくありません。そのためか，このプログラムのドロップアウト率は非常に低いのが特徴です。毎回のプログラムで学べることが多く，達成感を得られることが大きな要因と考えられます。また学習する内容が決まっているため，支援を終えるまでの見通しを持ちやすく，このプログラムが終わるまでは何とか頑張ろうと思えることもあるのでしょう。こうした点は，中断しやすい家族支援において，このプログラムの大きな強みであると言えます。

とりあえず試しに行ってみようかなと思った

　家族がこのプログラムを受けて，ひきこもりの若者が相談に来た際にこのように述べることがあります。この発言から，支援を受けることにそれほど乗り気ではないと言えます。しかし，社会との接触を回避し続けてきた若者に，支援を求める気持ちが芽生えてきたという事実は大きな意味があります。この変化は，回避ばかりをしてきた若者の行動パターンが，社会へ接近し始めていることを意味しています。この変化は，行動のベクトルが180度逆転するほどの大転換です。

　CRAFT プログラムで，ひきこもりの若者が支援を求めるようになるところまでは導くことができます。しかし，ようやく支援を求めた若者とつながれるかどうかは，若者が出会った支援者の力量に完全に委ねられています。若者とのつながりを保つには，このプログラムで重視している「惹きつける」力が必要となります。つまり，若者にとって魅力ある支援を展開できるかが，このプログラムを終えた後のひきこもり支援の正念場なのです。

漠然と感じていることがまとめられていてすっきりした

　このプログラムをご覧になられて，このように感じられた支援者は多いでしょう。事実，CRAFTプログラムについて研修を行うと，このような感想を頂くことが少なくありません。特に，ひきこもりの家族支援をある程度経験された方がこのような感想を抱くことが多いようです。

　ひきこもりの家族支援は，体系的かつ具体的に実施する必要があるわけですが，この条件を満たす支援を行える支援者を育てるには相当の教育が必要となります。このプログラムは，体系的かつ具体的な支援をマニュアル化したものであり，ひきこもりの家族支援の基礎を学ぶのには格好のプログラムであると考えています。こうしてマニュアル化することは，ひきこもりの家族支援に困難を抱いている支援者や十分な支援を受けることができていない家族の双方にとっての光明になります。

　ひきこもりの家族支援におけるCRAFTプログラムの効果については，その成果がいくつか報告されつつありますが，今後さらなる実証が必要とされます。さらなる強固なエビデンスの収集が今後の課題です。読者の皆様には，こうした現状を改善すべく，本書をお読みになった忌憚なきご意見を頂ければと切に願っております。

　ところで，CRAFTプログラムをひきこもりに応用する試みの始まりは，Smith & Meyers（2004）を境ら（2012）が監訳した『CRAFT 依存症患者への治療動機づけ』のあとがきにも紹介されています。また，本書の制作に当たっては，第二著者である野中俊介君が修士論文（野中，2011）で筆者の指導を受けながら，本書のプログラムのプロトタイプを作成してくれました。それをもとに，数年に渡る改訂（境，2013）を重ねてきた成果をこのような形で上梓するに至っています。

　時をさかのぼると，そもそも著者がひきこもりの研究を始めるに至ったのは，2001年に一人のひきこもりの若者と出会ったことに由来しています。そして，その方のご家族と一緒に埼玉県で行われていたひきこもりの親の会に参加した際に，NPO法人全国引きこもりKHJ親の会の創始者である故・奥山雅久氏と出会いました。奥山氏との出会いは，私がひきこもりを研究テーマとするターニングポイントとなっています。その奥山氏は2011年3月に亡くなられましたが，引き継いだ池田佳世先生の協力のもと，KHJ親の会とは2004年から現在までに10回のひ

きこもりの実態調査を共同で実施しており，この調査資料が本書の背景理論を構築する上で欠かすことのできないエビデンスとなっています。

　2001 年に，ひきこもりの研究を始めた当初，早稲田大学大学院人間科学研究科のメンバーとひきこもりの研究会を立ち上げ，当時，筆者の指導教官であった坂野雄二先生（現・北海道医療大学心理科学部・教授）の指導を受けながら，チームで研究を遂行していました。当初の研究会メンバーは，現在では各分野の第一線で新進気鋭の研究者として活躍しており，こうした優秀なメンバーと初期の研究活動を行えたことが，今日の研究の礎となっています。また，その後赴任した志學館大学，徳島大学で共に研究に励んだゼミ生の力がなければ，本書も日の目を見ることはなかったでしょう。

　こう考えると，多くの人との出会い，支えがあり，こうして本書を上梓できたわけです。これまでご協力，ご支援頂いた全ての方々に心から感謝申し上げます。

　私事ではありますが，本書の執筆を進めるなか，2013 年 1 月に父が逝去しました。父にも，奥山氏にも本書を是非見てもらいたかったという思いがあります。叶わなかった願いは，本書を多くのご家族に読んでもらうことで昇華したいと思います。

　最後に，常日頃から私を支えてくれている妻，長男，長女に，この場を借りて心からの感謝の意を表し，あとがきを結びたいと思います。

　平成 25 年 7 月 12 日

猛暑の徳島にて　**境 泉洋**

付　録

「ひきこもり地域支援センター」の設置状況リスト

（令和4年4月1日現在）

	都道府県	名　称	住　所	電話番号
1	北海道	北海道ひきこもり成年相談センター	札幌市白石区平和通17丁目北1-13 こころのリカバリー総合支援センター内	011-863-8733
2	青森県	青森県ひきこもり地域支援センター（本部）	青森市三内字沢部353-92 青森県立精神保健福祉センター内	017-787-3953
3		青森県ひきこもり地域支援センター（サテライト）	青森市中央3丁目20-30 県民福祉プラザ3F	017-735-8066
4	岩手県	岩手県ひきこもり支援センター	盛岡市本町通3丁目19-1 岩手県福祉総合相談センター4F	019-629-9617
5	宮城県	宮城県ひきこもり地域支援センター	大崎市古川旭5丁目7-20 宮城県精神保健福祉センター内	0229-23-0024
6		宮城県ひきこもり地域支援センター 南支所	仙台市太白区八木山1丁目10-18 八木山セントラルハウス202号	022-393-5226
7	秋田県	秋田県ひきこもり相談支援センター	秋田市中通2丁目1-51 秋田県精神保健福祉センター内	018-831-2525
8	山形県	ひきこもり相談支援窓口「自立支援センター巣立ち」	山形市小白川町2丁目3-30 山形県精神保健福祉センター内	023-631-7141
9	福島県	福島県ひきこもり相談支援センター	福島市黒岩字田部屋53-5 福島県青少年会館内	024-539-8883
10	茨城県	茨城県ひきこもり相談支援センター	筑西市西方1790-29	0296-48-6631
11	栃木県	栃木県子ども若者・ひきこもり総合相談センター「ポラリス☆とちぎ」	宇都宮市下戸祭2丁目3-3	028-643-3422
12	群馬県	群馬県ひきこもり支援センター	前橋市野中町368 群馬県こころの健康センター内	027-287-1121
13	埼玉県	埼玉県ひきこもり相談サポートセンター	越谷市千間台東1丁目2-1 白石ビル2F	048-971-5613
14	千葉県	千葉県ひきこもり地域支援センター	千葉市中央区仁戸名町666-2 千葉県精神保健福祉センター内	043-209-2223
15	東京都	東京都ひきこもりサポートネット	新宿区西新宿2丁目8-1	0120-529-528
16	神奈川	神奈川県ひきこもり地域支援センター	横浜市西区紅葉ケ丘9-1 神奈川県立青少年センター内	045-242-8205
17	新潟県	新潟県ひきこもり地域支援センター	新潟市中央区上所2-2-3 新潟県精神保健福祉センター内	025-284-1001
18	富山県	富山県ひきこもり地域支援センター	富山市蜷川459-1 富山県心の健康センター内	076-428-0616
19	石川県	石川県こころの健康センター（ひきこもり地域支援センター）	金沢市鞍月東2丁目6番地	076-238-5750
20	福井県	福井県ひきこもり地域支援センター	福井市光陽2丁目3-36 福井県総合福祉相談所内	0776-26-4400
21		福井県ひきこもり地域支援センター 嶺南サテライト	小浜市四谷町3丁目10番地 若狭健康福祉センター内	―

	都道府県	名　　称	住　　所	電話番号
22	山梨県	山梨県ひきこもり地域支援センター	甲府市北新1丁目2－12 山梨県立精神保健福祉センター内	055-254-7231
23	長野県	長野県ひきこもり支援センター	長野市下駒沢618-1 長野県精神保健福祉センター内	026-266-0280
24	岐阜県	岐阜県ひきこもり地域支援センター	岐阜市鷺山向井2563-18 岐阜県障がい者総合相談センター内	058-231-9724
25	静岡県	静岡県ひきこもり支援センター	静岡市駿河区有明町2-20 静岡県精神保健福祉センター内	054-286-9219
26	愛知県	あいちひきこもり地域支援センター	名古屋市中区三の丸3丁目2-1 東大手庁舎8階 愛知県精神保健福祉センター内	052-962-3088
27	三重県	三重県ひきこもり地域支援センター	津市桜橋3丁目446-34 三重県こころの健康センター内	059-223-5243
28	滋賀県	滋賀県ひきこもり支援センター	草津市笠山8丁目4-25 滋賀県立精神保健福祉センター内	077-567-5058
29	京都府	京都府脱ひきこもり支援センター	京都市東山区清水4丁目185-1 京都府家庭支援総合センター内	075-531-5255
30	大阪府	大阪府ひきこもり地域支援センター	大阪市住吉区万代東3丁目1-46 大阪府こころの健康総合センター内	06-6697-2890
31	兵庫県	ひきこもり総合支援センター	神戸市中央区脇浜海岸通1丁目3-2 兵庫県精神保健福祉センター内	078-262-8050
32		兵庫ひきこもり相談支援センター	神戸市西区神出町小束野30 県立神出学園内 他 地域ブランチ（5カ所）	078-977-7555
33	奈良県	奈良県ひきこもり相談窓口	奈良市登大路町30番地 奈良県庁1F 青少年・社会活動推進課内	0742-27-8130
34	和歌山県	和歌山県ひきこもり地域支援センター	和歌山市手平2丁目1-2 県民交流プラザ和歌山ビッグ愛2F 和歌山県精神保健福祉センター内	073-435-5194
35	鳥取県	とっとりひきこもり生活支援センター	鳥取市相生町二丁目405	0857-20-0222
36	島根県	島根県ひきこもり支援センター	松江市東津田町1741番地3 いきいきプラザ島根2F 県立心と体の相談センター内	0852-21-2045
37	岡山県	岡山県ひきこもり地域支援センター	岡山市北区厚生町3丁目3-1 メンタルセンター岡山（岡山県精神保健福祉センター）内	086-224-3188
38	広島県・広島市	広島ひきこもり相談支援センター（中部・北部センター）	広島市安芸区中野東4丁目5-25	082-893-5242
39		広島ひきこもり相談支援センター（西部センター）	広島市西区楠木町1丁目8-11	082-942-3161
40		広島ひきこもり相談支援センター（東部センター）	三原市小泉町4245	0848-66-0367
41	山口県	ひきこもり地域支援センター	山口市吉敷下東四丁目17番1号 山口県福祉総合相談支援センター内	083-901-1556

「ひきこもり地域支援センター」の設置状況リスト（つづき）

	都道府県	名　称	住　所	電話番号
42	徳島県	徳島県ひきこもり地域支援センター「きのぼり」	徳島市新蔵町3丁目80 徳島県精神保健福祉センター内	088-602-8911
43	香川県	香川県ひきこもり地域支援センター「アンダンテ」	高松市松島町1丁目17-28 香川県高松合同庁舎4F 香川県精神保健福祉センター内	087-804-5115
44	愛媛県	愛媛県心と体の健康センターひきこもり相談室	松山市本町7-2 愛媛県心と体の健康センター内	089-911-3883
45	高知県	高知県ひきこもり地域支援センター	高知市丸ノ内2丁目4-1 高知県保健衛生総合庁舎1F	088-821-4508
46	福岡県	福岡県ひきこもり地域支援センター	春日市原町3丁目1-7 南側2F 福岡県精神保健福祉センター内	092-582-7530
47		福岡県ひきこもり地域支援センター筑豊サテライトオフィス	田川市猪国2559 いいかねpalette内	0947-45-1155
48		福岡県ひきこもり地域支援センター筑後サテライトオフィス	久留米市長門石3丁目10-34 ニューグリーンビル1F	0942-37-2280
49	佐賀県	さがすみらい（佐賀県ひきこもり地域支援センター）	佐賀市白山2丁目2-7 KITAJIMAビル1F	0954-27-7270
50		さがすみらい（佐賀県ひきこもり地域支援センター）出張相談所	武雄市武雄町昭和40-1	0954-27-7270
51	長崎県	長崎県ひきこもり地域支援センター	長崎市橋口町10-22 長崎こども・女性・障害者支援センター内	095-846-5115
52	熊本県	熊本県ひきこもり地域支援センター「ゆるここ」	熊本市東区月出3丁目1-120 熊本県精神保健福祉センター内	096-386-1177
53	大分県	おおいた ひきこもり地域支援センター	大分市中央町1丁目2-3 KNTビル	097-534-4650
54	宮崎県	宮崎県ひきこもり地域支援センター	宮崎市霧島1丁目1-2 宮崎県総合保健センター4F 宮崎県精神保健福祉センター内	0985-27-8133
55	鹿児島県	ひきこもり地域支援センター	鹿児島市鴨池新町1-8 鹿児島県青少年会館2F	099-257-8230
56	沖縄県	沖縄県ひきこもり専門支援センター	南風原町字宮平212-3 沖縄県立総合精神保健福祉センター内	098-888-1455
57	札幌市	札幌市ひきこもり地域支援センター	札幌市白石区平和通17丁目北1-13 こころのリカバリー総合支援センター内	011-863-8733
58	仙台市	仙台市ひきこもり地域支援センター「ほわっと・わたげ」	仙台市若林区遠見塚1丁目18-48	022-285-3581
59	さいたま市	さいたま市ひきこもり相談センター	さいたま市浦和区上木崎4丁目4-10 さいたま市こころの健康センター内	048-762-8534
60	千葉市	千葉市ひきこもり地域支援センター	千葉市美浜区高浜2丁目1-16 千葉市こころの健康センター内	043-204-1606

	都道府県	名　称	住　所	電話番号
61	横浜市	横浜市青少年相談センター（ひきこもり地域支援センター）	横浜市保土ケ谷区川辺町5-10 3階	045-752-8366
62		横浜市健康福祉局ひきこもり支援課（ひきこもり地域支援センター）	横浜市保土ケ谷区川辺町5-10 4階	045-752-8400
63	川崎市	川崎市ひきこもり地域支援センター	川崎市川崎区日進町5丁目1 川崎市複合福祉センター内	044-223-6826
64	相模原市	相模原市ひきこもり支援ステーション	相模原市中央区富士見6-1-1 ウェルネスさがみはら7F	042-769-6632
65	新潟市	新潟市ひきこもり相談支援センター	新潟市中央区東万代町9-1 万代市民会館5F	025-278-8585
66	静岡市	静岡市ひきこもり地域支援センター「Dan Dan しずおか」	静岡市駿河区南八幡町3-1 市立南部図書館2F	054-260-7755
67	浜松市	浜松市ひきこもり地域支援センター	浜松市中区中央1丁目12-1 県浜松総合庁舎4F	053-457-2709
68	名古屋市	名古屋市ひきこもり地域支援センター	名古屋市中村区名楽町4丁目7-18 中村保健センター等複合庁舎5階 名古屋市精神保健福祉センターこころぼ内	052-483-2077
69	京都市	京都市ひきこもり地域支援センター（京都市ひきこもり相談窓口）	京都市下京区西木屋町通上ノ口上る海湊町83番地の1 ひと・まち交流館京都4階	075-354-8749
70	大阪市	大阪市ひきこもり地域支援センター	大阪市都島区中野町5丁目15-21 都島センタービル3F 大阪市こころの健康センター内	06-6922-8520
71	堺市	堺市ひきこもり地域支援センター「堺市ユースサポートセンター」	堺市北区百舌鳥赤畑1丁3番1 堺市三国ヶ丘庁舎5階	072-248-2518
72		堺市ひきこもり地域支援センター（成人期）	堺市堺区旭ヶ丘中町4丁3-1 堺市立健康福祉プラザ3F 堺市こころの健康センター内	072-245-9192
73	神戸市	神戸ひきこもり支援室	神戸市中央区橘通3丁目4-1 総合福祉センター1階	078-361-3521
74		神戸ひきこもり支援室分室「ラポール」	神戸市兵庫区羽坂通4丁目2-22	078-945-8079
75	岡山市	岡山市ひきこもり地域支援センター	岡山市北区鹿田町1丁目1-1 保健福祉会館4F 岡山市こころの健康センター内	086-803-1326
76	北九州市	北九州市ひきこもり地域支援センター「すてっぷ」	北九州市戸畑区汐井町1-6 ウェルとばた2F	093-873-3130
77	福岡市	福岡市思春期ひきこもり地域支援センター「ワンド」	福岡市東区松香台2丁目3-1 九州産業大学大学院付属 臨床心理センター内	092-673-5830
78		福岡市ひきこもり成年地域支援センター「よかよかルーム」	福岡市中央区舞鶴2丁目5-1 あいれふ3F	092-716-3344
79	熊本市	熊本市ひきこもり支援センター「りんく」	熊本市中央区大江5丁目1-1 ウェルパルくまもと3F	096-366-2220

※上記は，国の「ひきこもり対策推進事業」による補助を受けて設置されているセンターを中心にまとめており，自治体によっては上記以外にひきこもりの方々に対応するための相談窓口を設置している場合がある。

特定非営利活動法人 KHJ 全国ひきこもり家族会連合会

（令和★年★月★日現在）

No.	名　称	郵便	住　所
	特定非営利活動法人 KHJ全国ひきこもり家族会連合会本部事務局	170-0002	東京都豊島区巣鴨3-16-12-301
1	KHJ北海道「はまなす」	064-0824	北海道札幌市中央区北四条西26丁目3番2号
2	KHJ青森県「さくらの会」	030-0844	青森県青森市桂木3-25-10
3	KHJいわて石わりの会	029-2208	岩手県陸前高田市広田町字前花貝80-21
4	KHJ石巻まきっこの会	987-0511	宮城県登米市迫町佐沼字江合1-3-1
5	KHJ秋田県ばっけの会	010-0023	秋田市楢山本町10-19
6	NPO法人 山形県「から・ころセンター」	992-0026	山形県米沢市東2-8-116
7	認定NPO法人 山形県「発達支援研究センター」	990-0035	山形県山形市小荷駄町2-7 SUNまち
8	KHJ福島県花ももの会	960-8066	福島市矢剣町22-5 NPO法人ビーンズふくしま内
9	KHJ鹿行（ろっこう）地区家族会	311-2116	茨城県鉾田市札822-34
10	KHJ茨城県ひばりの会	271-0063	千葉県松戸市北松戸1-1-14 ユーカリハイツ704号室
11	NPO法人 KHJとちぎベリー会	320-0032	栃木県宇都宮市昭和2-3-5
12	KHJ群馬県はるかぜの会		
13	NPO法人 KHJ埼玉県けやきの会家族会	331-0805	埼玉県さいたま市北区盆栽町190-3
14	NPO法人 KHJ千葉県なの花会	260-0042	千葉県千葉市中央区椿森1-2-2 志ůり荘201
15	グループコスモス	145-0066	東京都大田区南雪谷2-11-5（石尾気付）
16	NPO法人 楽の会リーラ家族会	170-0002	東京都豊島区巣鴨3-16-12 第二塚本ビル202号室（巣鴨地蔵通り）
17	KHJ町田家族会	195-0063	東京都町田市野津田町3577-3
18	KHJ神奈川県「虹の会」	221-0835	神奈川横浜市神奈川区鶴屋町2-24-2 かながわ県民センター12階 かながわボランティアセンター気付 No.2
19	KHJ横浜ばらの会		横浜市内（桜木町、関内など）で月例会開催
20	KHJ山梨県桃の会	391-0213	茅野市豊平泉200-101 グリーンヒルズヴィレッジ
21	KHJ長野県セイムハート	394-0025	長野県岡谷市大栄町2-4-5
22	NPO法人あわの風 南房総家族会	294-0045	千葉県館山市北条1170-3
24	KHJ長岡フェニックスの会	940-0082	新潟県長岡市千歳一丁目3-42 ながおか心のクリニック内
25	NPO法人 KHJにいがた「秋桜の会」	950-0167	新潟県新潟市江南区五月町1-2-9
26	KHJはぁとぴあ家族会	939-0341	富山県射水市三ケ2467
27	とやま大地の会	939-8044	富山県富山市太田南町179-8
28	KHJ北陸会	920-0813	石川県金沢市御所町丑57
29	特定非営利活動法人 KHJいしかわ「いまここ親の会」	922-0811	石川県加賀市大聖寺南町チ35-7
30	KHJ福井いっぽの会	915-0054	福井県越前市小野谷14-1-11 NPO法人 えちぜん青少年自立援助センター

No.	名　称	郵便	住　所
31	KHJ岐阜「岐阜オレンジの会」	453-0015	愛知県名古屋市中村区椿町19-7 チサンマンション椿町304号
32	KHJ岐阜ドレミファの会	500-8141	岐阜市月丘町3-20
33	KHJ静岡県「いっぷく会」	420-0071	静岡市葵区一番町50 静岡市番町市民活動センター内
34	NPO法人 てくてく	432-8054	静岡県浜松市南区田尻町208-2
35	豊田・大地の会	470-1211	愛知県豊田市畝部東町上梅ノ木12
36	KHJ東海 NPO法人 なでしこの会	467-0825	愛知県名古屋市瑞穂区柳ケ枝町1-22-7
37	RITAの会	453-0015	愛知県名古屋市中村区椿町19-7 チサンマンション椿町304 (オレンジの会内)
38	KHJ三重県「みえオレンジの会」	513-0801	三重県鈴鹿市神戸6-6-28
39	NPO法人 大阪虹の会	592-0011	高石市加茂1丁目13-26
40	KHJ「つばさの会大阪」	573-0027	大阪府枚方市大垣内町1-3-1 マインドビル2F
41	KHJ兵庫県宍粟支部 ひまわりの家家族会	671-2552	兵庫県宍粟市山崎町段194-1
42	特定非営利活動法人 陽だまりの会	673-0860	兵庫県明石市朝霧東町1丁目5-13
43	特定非営利活動法人 百生一輝	666-0122	兵庫県川西市東多田2-5-19
44	KHJ奈良県わかくさの会	610-0361	京都府京田辺市河原東久保田3-12-405
45	KHJ岡山きびの会	700-0822	岡山市北区表町1丁目4-64 上之町ビル4F
46	KHJ広島県もみじの会	733-0002	広島県広島市西区楠木町1-8-11 (NPO法人CROSS内)
47	KHJ福山「ばらの会」	720-0812	広島県福山市霞町一丁目8番15号 霞町ビル2階
48	KHJ山口県「きらら会」	759-4102	山口県長門市西深川2850-3
49	KHJ徳島県つばめの会	770-0847	徳島県徳島市幸町3-33 徳島インマヌエル教会内
50	KHJ香川県オリーブの会	760-0043	香川県高松市今新町4-20
51	KHJ愛媛県こまどりの会	790-0045	松山市余戸中4-5-43-A102
52	KHJ高知県親の会「やいろ鳥」の会	781-8131	高知県高知市一宮しなね1-14-10-1
53	KHJ福岡県「楠の会」	815-0034	福岡県南区南大橋1丁目17-2 吉村方
54	大分ステップの会	879-5102	大分県由布市湯布院町川上3604-14
55	KHJみやざき「楠の会」	880-0944	宮崎県宮崎市江南4-9-9
56	KHJ沖縄県「てぃんさぐぬ花の会」	900-0004	沖縄県那覇市銘苅2丁目3番1号 なは市民活動支援センター内
57	居場所～特性を生かす道～	870-0021	大分県大分市府内町3丁目7-39 大分市市民 活動・消費生活センター (ライフパル) 内

振り返りシート
回答

振り返りシート ❶

以下の質問について，第1回で学んだポイントとして正しいものを（　　）の中に記入するか，もしくは正しい選択肢を○で囲んでください。（回答は巻末（p.264）に記載されています）

1. ひきこもり問題の解決には，家族の役割はほとんどない。

a. 正しい　　**b.** 間違い

2. お子さんにうまく対応するには，家族がうまく対応できるという，

（　　**自信**　　）をもつことが大切である。

3. お子さんを受療につなげるためには（　**タイミング**　）が大切だ。

4. このプログラムの3つの目的は，①（　　**家族自身**　　）の負担の軽減，②

（　**家族関係**　）の改善，③お子さんの（**相談機関の利用**）の促進である。

5. お子さんが相談機関の利用に関心を示したら，じっくり考えてから受療に

つなげることが大切だ。

a. 正しい　　**b.** 間違い

振り返りシート ❷

以下の質問について，第2回で学んだポイントとして正しいものを（　　）の中に記入するか，もしくは正しい選択肢を○で囲んでください。（回答は巻末（p.265）に記載されています）

1. コミュニケーションの悪循環が起こる過程は，（　**きっかけ**　），

（　**反応**　），（　**結果**　）という3つの部分からなる。

2. 機能分析は，（　**外的きっかけ**　），（　**内的きっかけ**　），問題行

動，（　**短期的結果**　），（　**長期的結果**　）の5つの要素か

らできている。

3. 機能分析において，お子さんが問題行動をすることで生じるデメリットを

見つけるとき，お子さんが実際にデメリットだと思っているかどうかはあ

まり重要ではない。

a. 正しい　　間違い

振り返りシート ❸

以下の質問について，第3回で学んだポイントとして正しいものを（　）の中に記入するか，もしくは正しい選択肢を○で囲んでください。（回答は巻末（pp.266-267）に記載されています）

1. 行動することで何か（　**良い**　）ことが起こったり，（　**嫌な**　）ことがなくなるとその行動は繰り返される。

2. 暴力的行動の機能分析の目的は，機能分析で得られた情報を生かして，今後起こりうる暴力的行動を防ぐ方法を見出すことである。

(a.) 正しい　　**b.** 間違い

3. タイムアウトとは，不適切な行動をとった直後に，お子さんの強化子を（　**取り除く**　）というテクニックである。

4. タイムアウトが終わった後に説教をするとよい。

a. 正しい　　**(b.)** 間違い

5. タイムアウトの後に，お子さんが望ましい行動をしたら，それを認めてあげることが大切だ。

(a.) 正しい　　**b.** 間違い

6. 取り除く強化子は，家族が容易に，かつ安全に取り除けるものがよい。

a. 正しい　　**b.** 間違い

7. 暴力的行動を回避するためには，家族が赤信号に気づいて，（ **安全なところ** ）に行くか，暴力的行動を引き起こす（　**きっかけ**　）を最小限に抑えることが重要である。

8. 現在かなり危険な状況にあると考えられる場合は，家族の安全を守ることを最優先にすべきである。

a. 正しい　　**b.** 間違い

振り返りシート ❹

以下の質問について，第4回で学んだポイントとして正しいものを（　　）の中に記入するか，もしくは正しい選択肢を○で囲んでください。（回答は巻末（p.268）に記載されています）

1. 家族自身の生活を（　**豊かにする**　）ことで，お子さんの問題に上手に対応できる。

2. 家族自身の生活を豊かにするということは，お子さんから離れて放っておくということである。

a. 正しい　　（**b.**）間違い

3. 目標を立てるときは，達成可能かどうかはとりあえず気にせずに，最も達成したい大きな目標を立てるとよい。

a. 正しい　　（**b.**）間違い

4. 目標を立てるときは，自分で（　**コントロール**　）できる目標を選ぶとよい。

5. 目標に向かった行動を増やしていくとき，選ぶ行動は，家族が（　**楽しめる**　）or（　**達成感がある**　）行動で，（　**他の人**　）とかかわりをもてるものがよい。

振り返りシート ❺

以下の質問について，第5回で学んだポイントとして正しいものを（　　）の中に記入するか，もしくは正しい選択肢を○で囲んでください。（回答は巻末（p.269）に記載されています）

1. お子さんは，ひきこもり始めた最初から家族のことを警戒している。

　　　　　　　　　　　　　　　　　　　a. 正しい　　**（b.）**間違っている

2. 警戒することをやめるよりも，安心することをする方が効果がある。

　　　　　　　　　　　　　　　　（a.）正しい　　b. 間違っている

3. 安心することをするには，警戒することをやめるしかない。

　　　　　　　　　　　　　　　　　　　a. 正しい　　**（b.）**間違っている

4. 仕事の話，将来の話は，お子さんに決してしてはいけない。

　　　　　　　　　　　　　　　　　　　a. 正しい　　**（b.）**間違っている

5. 次のステップに進む目安は，お子さんと（　**同じ部屋にいること**　）ができるようになることである。

振り返りシート ❻

以下の質問について，第6回で学んだポイントとして正しいものを（　　）の中に記入するか，もしくは正しい選択肢を○で囲んでください。（回答は巻末（pp.270-271）に記載されています）

1. （　ポジティブ　）なコミュニケーションは，良好な関係を築くための土台となる。

2. コミュニケーションスキルは，お子さんに受療を勧めるときにも必要である。

   (a.)正しい　　b. 間違い

3. コミュニケーションは（　　実践　　）をしないと身につかない。

4. ポジティブなコミュニケーションスキルの8つのポイントは，（短く），肯定的に，（特定の行動に注意を向ける），（　自分の感情を明確にする　），部分的に責任を受け入れる，（　　思いやりのある発言をする　　），（　自省を促す　），（　援助を申し出る　）である。

5. ポジティブなコミュニケーションでは，時間をかけて長く詳しく話すことが効果的である。

   a. 正しい　　(b.)間違い

6. 「部分的に責任を受け入れる」ことで，あなたが単に（　　非難　　）したいのではないというメッセージをお子さんに伝えることができ，お子さんが（　守りの姿勢　）に入りにくくなる。

振り返りシート ❼

以下の質問について，第7回で学んだポイントとして正しいものを（　　）の中に記入するか，もしくは正しい選択肢を○で囲んでください。（回答は巻末（p.272）に記載されています）

1. 強化子とは，その人が「楽しい（快い）」と感じるものである。

ⓐ 正しい　　**b. 間違い**

2. 適切な強化子のポイントには，（　　　**お子さんが喜ぶ**　　　），（　**お金をかけるとしても高価ではない**　），（　**すぐに与えられる**　），（　**家族が安心して与えられる**　　）の4つがある。

3. 望ましい行動のうち，増やしたいものを選ぶ基準は，（　**お子さんが喜ぶ**　），時間や機能が望ましくない行動と重なっている，（　**現在かなり頻繁に起きているか，今後頻繁に起こりうる**　），（　**できれば家族も喜べる**　）である。

4. 望ましい行動を引き出すには，叱咤激励が有効である。

a. 正しい　　**ⓑ 間違い**

5. 望ましい行動を一緒にやるように誘うときは，絶対に断られないように強い意志で誘わなければならない。

a. 正しい　　**ⓑ 間違い**

振り返りシート 8

以下の質問について，第8回で学んだポイントとして正しいものを（　　）の中に記入するか，もしくは正しい選択肢を○で囲んでください。（回答は巻末（p.273）に記載されています）

1. 望ましくない行動を減らすのにポジティブなコミュニケーションは役に立たない。

a. 正しい　　**ⓑ** 間違い

2. 望ましくない行動を減らすには，まず最初にどうしてほしいのかを尋ねることが効果的である。

a. 正しい　　**ⓑ** 間違い

3. 先回りをやめることは，お子さんが（　**成長**　）したり，（　**支援を求める**　）きっかけになる。

4. デメリットに直面化させるときに大切なことは，（　**安全**　）が保証され，お子さんにとって（　**プラス**　）になる見込みがある場合，家族の先回りを（　**減らせるところ**　）まで減らしてみるということである。

振り返りシート ⑨

以下の質問について，第9回で学んだポイントとして正しいものを（　　）の中に記入するか，もしくは正しい選択肢を○で囲んでください。（回答は巻末（pp.274-275）に記載されています）

1. お子さんに相談機関の利用を勧めるには，（　**タイミング**　）が重要である。

2. お子さんに相談機関の利用を勧めるためには，相談機関を利用したときに「良くなるだろう」とお子さんが期待することが重要である。

　　　　　　　　　　　　　　　　　a. 正しい　　　**b.** 間違い

3. お子さんからこのプログラムについて聞かれたときは，相談機関の利用を勧める絶好のチャンスである。

　　　　　　　　　　　　　　　　　a. 正しい　　　**b.** 間違い

4. 相談機関を利用するときは，あらゆる準備をしてから気合を入れて行くのがよい。

　　　　　　　　　　　　　　　a. 正しい　　　**b.** 間違い

5. ポジティブなコミュニケーションスキルは，お子さんに相談機関の利用を勧めるときにも必要である。

a. 正しい　　b. 間違い

6. お子さんに相談機関の利用を勧める際は，同意するまで問いつめるのが効果的である。

a. 正しい　　b. 間違い

7. お子さんが相談機関の利用に関心を示したら，じっくり時間をかけて考えてから相談機関の利用につなげることが大切だ。

a. 正しい　　b. 間違い

文　献

Gray, C.A. (1994) Comic Strip Conversation. Arlington, Future Horizons. (門眞一郎 (訳) (2005) コミック会話 —— 自閉症など発達障害のある子どものためのコミュニケーション支援法. 明石書店)

Gray, C.A. (2004) Social stories (TM) 10.0. Jenison Autism Journal, 15, 2-21. (服巻智子 (訳) (2006) お母さんと先生が書くソーシャルストーリー™ —— 新しい判定基準とガイドライン. クリエイツかもがわ)

春木 豊 (訳) (2007) マインドフルネスストレス低減法. 北大路書房.

平生尚之・稲葉綾乃・井澤信三 (2018) 自閉症スペクトラム障害を背景とするひきこもり状態にある人の家族支援 —— 発達障害者支援センターにおける CRAFT の適用. 認知行動療法研究, 44 (3), 147-158.

一般社団法人発達障害支援のための評価研究会 (編著) (2018) Parent interview ASD Rating Scale-Text Revision 親面接式自閉スペクトラム症評定尺度テキスト改訂版. 金子書房.

川原一紗・境 泉洋 (2009) 来談に対する利益・コスト認知が来談行動に与える影響：ひきこもり状態にある人を対象とした質問紙調査による検討. 日本認知療法学会・日本行動療法学会プログラム＆抄録・発表論文集, 234-235.

近藤直司・境 泉洋・石川信一・新村順子・田上美千佳 (2008) 地域精神保健・児童福祉領域におけるひきこもりケースへの訪問支援 精神神經學雜誌, 110 (7), 536-545.

Kondo, N., Sakai, M., Kuroda, Y., Kiyota, Y., Kitabata, Y. & Kurosawa, M. (2013) Gen-eral condition of hikikomori (prolonged social withdrawal) in Japan: Psychiatric diagnosis and outcome in the mental health welfare center. The International Journal of Social Psychiatry, 59 (1), 79-86.

厚生労働省 (2008) 地域若者サポートステーション事業について：働くことに悩む若者の自立をサポートします！
http://www.mhlw.go.jp/seisaku/2009/01/03.html.

厚生労働省 (2020)「ひきこもり地域支援センター」の設置状況リスト https://www.mhlw.go.jp/content/12000000/000515493.pdf

厚生労働省 (2020) 自立相談支援機関 相談窓口一覧 https://www.mhlw.go.jp/content/000614516.pdf

迎山和歌子・境 泉洋 (2017) SST におけるロールプレイの回数が自己効力感に与える影響. 徳島大学人間科学研究, 25, 7-15.

内閣府 (2020) 子ども・若者支援地域協議会 https://www8.cao.go.jp/youth/model/index.html

野中俊介 (2011) ひきこもり状態にある人の家族機能および家族介入プログラムの効果. 徳島大学大学院総合科学教育臨床心理学専攻修士論文.

野中俊介・境 泉洋 (2015) Community Reinforcement and Family Training の効果 —— メタ分析を用いた検討. 行動療法研究, 41 (3), 179-191.

野中俊介・境 泉洋・大野あき子 (2013) ひきこもり状態にある人の親に対する集団認知行動療法の効果 —— Community Reinforcement and Family Training を応用した試行的介入. 精神医学, 55 (3), 283-292.

Nonaka, S., Shimada, H. & Sakai, M. (2018) Assessing adaptive behaviors of individuals with hikikomori (prolonged social withdrawal) : development and psychometric evaluation of the parent-report scale International Journal of Culture and Mental Health, 11 (3), 280-294.

齊藤万比古 (2010) ひきこもりの評価・支援に関するガイドライン. 厚生労働科学研究費補助金 (こころの健康科学研究事業)「思春期のひきこもりをもたらす精神科疾患の実態把握と精神医学的治療・援助システムの構築に関する研究」

境 泉洋 (2013) 徳島県受託事業平成24年度ひきこもり支援対策調査研究事業報告書. 徳島大学総合科学部境研究室.

境 泉洋・平川沙織・原田素美礼・NPO法人全国引きこもりKHJ親の会 (2012)「引きこもり」の実態に関する調査報告書⑨：NPO法人全国ひきこもりKHJ親の会における実態. 徳島大学総合科学部境研究室.

境 泉洋・堀川 寛・野中俊介・松本美菜子・平川沙織・NPO法人全国引きこもりKHJ親の会 (2011)「引きこもり」の実態に関する調査報告書⑧：NPO法人全国ひきこもりKHJ親の会における実態. 徳島大学総合科学部境研究室.

境 泉洋・石川信一・佐藤 寛・坂野雄二 (2004) ひきこもり行動チェックリスト (HBCL) の開発および信頼性と妥当性の検討. カウンセリング研究, 37 (3), 210-220.

境 泉洋・川原一紗・木下龍三・久保祥子・若松清江・NPO法人全国引きこもりKHJ親の会 (2009)「引きこもり」の実態に関する調査報告書⑥：NPO法人全国引きこもりKHJ親の会における実態. 徳島大学総合科学部境研究室.

境 泉洋・川原一紗・NPO法人全国引きこもりKHJ親の会 (2008)「引きこもり」の実態に関する調査報告書⑤：NPO法人全国引きこもりKHJ親の会における実態. 徳島大学総合科学部境研究室.

境 泉洋・中垣内正和・NPO法人全国引きこもりKHJ親の会 (2007)「引きこもり」の実態に関する調査報告書④：NPO法人全国引きこもりKHJ親の会における実態. 志學館大学人間関係学部境研究室.

境 泉洋・中村 光 (2006) 引きこもり家族実態アンケート調査・調査結果データ分析とまとめ. 引きこもり家族調査委員会, 引きこもり家族の実態に関する調査報告書, 7-45.

境 泉洋・野中俊介・大野あき子・NPO法人全国引きこもりKHJ親の会 (2010)「引きこもり」の実態に関する調査報告書⑦：NPO法人全国引きこもりKHJ親の会における実態. 徳島大学総合科学部境研究室.

境 泉洋・斎藤まさ子・本間恵美子・真壁あさみ・内藤 守・小西完爾・NPO法人全国引きこもりKHJ親の会 (2013)「引きこもり」の実態に関する調査報告書⑩：NPO法人全国ひきこもりKHJ親の会における実態. 徳島大学総合科学部境研究室.

境 泉洋・坂野雄二 (2009) ひきこもり状態にある人の親のストレス反応に影響を与える認知的要因. 行動療法研究, 35 (2), 133-143.

境 泉洋・坂野雄二 (2010) ひきこもり状態にある人の親に対する行動論的集団心理教育の効果. 行動療法研究, 36 (3), 223-232.

島井哲志 (編) (2006) ポジティブ心理学：21世紀の心理学の可能性. ナカニシヤ出版.

Smith, J.E. & Meyers, R.J. (2004) Motivating substance abuse to enter treatment. New York: The Guilford press. (境 泉洋・原井宏明・杉山雅彦 (監訳) (2012) CRAFT 依存症患者への治療動機づけ —— 家族と治療者のためのプログラムとマニュアル. 金剛出版)

田川元康 (2002) 自閉症の障害特性と支援のあり方 —— TEACCH に学ぶ. 児童学研究, 32, 37-45.

地域精神保健活動における介入のあり方に関する研究班 (2003) 10代・20代を中心とした「ひきこもり」をめぐる地域保健活動のガイドライン：精神保健福祉センター・保健所・市町村でどのように対応するか・援助するか. こころの健康科学研究事業.

植田健太・境　泉洋・佐藤　寛・石川信一・中村　光・嶋田洋徳・坂野雄二 (2005) ひきこもりセルフヘルプグループにおける親のストレス反応低減効果の検討. ストレスマネジメント研究, 2 (1), 55-60.

植田健太・境　泉洋・佐藤　寛・石川信一・中村　光・山崎久美子・嶋田洋徳・坂野雄二 (2004) ひきこもり状態にある人を持つ親のストレス反応. 早稲田大学臨床心理学研究, 3 (1), 93-100.

著者一覧

境 泉洋 (さかい・もとひろ)
編著者　宮崎大学教育学部教授
第1回～第4回，第6回～第10回　野中俊介と共著。第5回は単著

野中俊介 (のなか・しゅんすけ)
東京未来大学こども心理学部講師
第1回～第4回，第6回～第10回　境泉洋と共著

山本 彩 (やまもと・あや)
札幌学院大学心理学部教授
オプション1

平生尚之 (ひらお・なおゆき)
ひょうご発達障害者支援センター　クローバー　加西ブランチ
主任相談支援員兼CRAFT推進員
オプション2

境 泉洋（さかい・もとひろ）

宮崎大学教育学部教授。宮崎県生まれ。1999年宮崎大学教育学部卒。2005年早稲田大学博士（人間科学）。公認心理師，臨床心理士。2004年志學館大学講師，2007年徳島大学准教授，2018年宮崎大学教育学部准教授を経て，2021年1月から現職。

KHJ全国ひきこもり家族会連合会副理事長，日本臨床心理士会ひきこもり専門委員会副委員長，NCNP精神保健研究所薬物依存研究部客員研究員，宮崎県ひきこもり地域支援センターひきこもり受理会議多職種専門チーム，認知行動療法研究常任編集委員，認知療法研究常任編集委員。

筆頭著書に「CRAFT ひきこもりの家族支援ワークブック」（金剛出版），編著書に「地域におけるひきこもり支援ガイドブック」（金剛出版），共著執筆に「CRAFT 薬物・アルコール依存症からの脱出：あなたの家族を治療につなげるために」（金剛出版），分担執筆に「認知行動療法の技法と臨床」（日本評論社），「ひきこもりに出会ったら」（中外医学社），「『ひきこもり』考」（創元社）などがある。監訳に「CRAFT 依存症患者への治療動機づけ」（金剛出版），「アルコール依存のための治療ガイド」（金剛出版）などがある。

CRAFT
ひきこもりの家族支援ワークブック［改訂第二版］
共に生きるために家族ができること

2013年 8 月30日　第一版発行
2021年 7 月10日　改訂第二版第1刷発行
2024年10月10日　改訂第二版第3刷発行

編著者──境 泉洋
著者───野中俊介　山本 彩　平生尚之

発行者──立石正信
発行所──株式会社 金剛出版
　　　　　〒112-0005 東京都文京区水道1-5-16　電話 03-3815-6661
　　　　　振替 00120-6-34848

装丁◉臼井新太郎　　装画◉くさかたね　　印刷◉新津印刷

ISBN978-4-7724-1836-2 C3011　　©2021 Printed in Japan

地域におけるひきこもり支援ガイドブック
長期高年齢化による生活困窮を防ぐ

［編著］＝境 泉洋

●A5判 ●並製 ●230頁 ●定価 **3,520** 円
● ISBN978-4-7724-1582-8 C3011

長期高年齢化するひきこもりの人たちを
地域にどうつなげ，支援するか。
生活困窮者自立支援法を踏まえた
ひきこもり支援のあり方を提案。

CRA 薬物・アルコール依存への
コミュニティ強化アプローチ

［著］＝H・G・ローゼン　R・J・メイヤーズ　J・E・スミス
［監修］＝松本俊彦　［監訳］＝境 泉洋

●B5判 ●並製 ●160頁 ●定価 **3,300** 円
● ISBN978-4-7724-1650-4 C3011

コミュニティ強化アプローチ（CRA）は
スキナーによる，オペラント条件付けに基づく，
行動療法を活用した米国発祥の治療プログラムである。

CRAFT
依存症者家族のための対応ハンドブック

［著］＝ロバート・メイヤーズ　ブレンダ・ウォルフ
［監訳］＝松本俊彦　吉田精次　［訳］＝渋谷繭子

●A5判 ●並製 ●216頁 ●定価 **2,860** 円
● ISBN978-4-7724-1319-0 C3011

実証的研究で効果が証明された
依存症への治療法として最強のプログラム「CRAFT」。
あなたの大切な人にもう飲ませないために！

価格は 10%税込です。

児童虐待における公認心理師の活動

[監修]＝一般社団法人 日本公認心理師協会
[編]＝髙橋幸市 徳丸 享 増沢 高

●A5判 ●並製 ●288頁 ●定価 **3,740** 円
● ISBN978-4-7724-1787-7 C3011

児童虐待の早期発見，回復への支援，
また虐待を生む家族力動の理解と
再発防止の手立て，
公認心理師として求められる活動を詳説する。

ポジティブサイコロジー
不登校・ひきこもり支援の新しいカタチ

[著]＝松隈信一郎
●四六判 ●並製 ●196頁 ●定価 **3,080** 円
● ISBN978-4-7724-1791-4 C3011

本書はポジティブ・サイコロジーの考え方を示し，
それを不登校やひきこもりの子どもたちに対して
応用したアプローチを紹介していく。

トラウマとアディクションからの回復
ベストな自分を見つけるための方法

[著]＝リサ・M・ナジャヴィッツ
[監訳]＝近藤あゆみ 松本俊彦 [訳]＝浅田仁子

●B5判 ●並製 ●344頁 ●定価 **4,620** 円
● ISBN978-4-7724-1741-9 C3011

トラウマとアディクションに苦しむ人びとと家族，
援助者のために回復のヒントや援助の工夫がちりばめられた
実践的なワークブック。

価格は10%税込です。

複雑性 PTSD の臨床

" 心的外傷〜トラウマ " の診断力と対応力を高めよう

［編］＝原田誠一

●A5判 ●上製 ●290頁 ●定価 **3,960** 円
● ISBN978-4-7724-1812-6 C3011

さまざまな病態の背後にある
複雑性 PTSD（CPTSD）に関する
その適切な評価と治療的対応を詳述した
わが国初の臨床書。

トラウマの精神分析的アプローチ

［編］＝松木邦裕

●A5判 ●並製 ●288頁 ●定価 **3,960** 円
● ISBN978-4-7724-1813-3 C3011

第一線で臨床を実践し続け
る精神分析家たちによる豊富な臨床例を含む，
トラウマ患者の苦悩・苦痛に触れる
手引きとなる一冊。

あなたの苦しみを誰も知らない

トラウマと依存症からのリカバリーガイド

［著］＝クラウディア・ブラック
［監訳］＝水澤都加佐 ［訳］＝会津 亘

●A5判 ●並製 ●312頁 ●定価 **3,080** 円
● ISBN978-4-7724-1814-0 C3011

さまざまな依存症や虐待，トラウマから
回復を願うあなたへ届けたい，
家族・世代間で起こる負の連鎖を断ち切るためのリカバリーガイド。

価格は10%税込です。

コンパッション・マインド・ワークブック
あるがままの自分になるためのガイドブック

[著]=クリス・アイロン　エレイン・バーモント
[訳]=石村郁夫　山藤奈穂子

●B5判　●並製　●380頁　●定価 **3,960** 円
● ISBN978-4-7724-1804-1 C3011

コンパッション・マインドを育てる
具体的なステップと方法が学べる，
コンパッション・フォーカスト・セラピーの実践「ワークブック」。

自尊心を育てるワークブック 第二版
あなたを助けるための簡潔で効果的なプログラム

[著]=グレン・R・シラルディ
[監訳]=高山 巖　[訳]=柳沢圭子

●B5判　●並製　●240頁　●定価 **3,520** 円
● ISBN978-4-7724-1675-7 C3011

大幅改訂による [第二版]。
全米で 80 万部を超えるベストセラー！
健全な「自尊心」を確立するための最良の自習書。

自尊心の育て方
あなたの生き方を変えるための，認知療法的戦略

[著]=マシュー・マッケイ　パトリック・ファニング
[訳]=高橋祥友

●A5判　●並製　●380頁　●定価 **4,180** 円
● ISBN978-4-7724-1611-5 C3011

健康なパーソナリティの核となる「自尊心」を
高めて育むための臨床知見とセルフケアの方法を伝える，
全米 80 万部売り上げのベストセラー！

価格は 10%税込です。

不登校・ひきこもりのための行動活性化
子どもと若者の"心のエネルギー"がみるみる溜まる認知行動療法

［著］＝神村栄一

●A5判 ●並製 ●192頁 ●定価 **3,080** 円
● ISBN978-4-7724-1692-4 C3011

子どもと若者のエネルギーをためる
具体的な方法は何か？
キーワードは「行動活性化」だった！
現場ですぐに使える実践集。

不登校支援の手引き
児童精神科の現場から

［著］＝山崎 透

●A5判 ●上製 ●168頁 ●定価 **3,080** 円
● ISBN978-4-7724-1658-0 C3011

筆者の児童精神科臨床の経験から，
子どもや保護者への言葉のかけ方などを
具体的に盛り込んだ，
不登校支援の集大成となる一冊。

思春期・青年期
トラブル対応ワークブック

［著］＝小栗正幸 ［制作委員会］＝特別支援教育ネット

●B5判 ●並製 ●200頁 ●定価 **2,640** 円
● ISBN978-4-7724-1677-1 C3011

発達障害・愛着障害・被虐待経験──。
配慮が必要な人への
さまざまなトラブルに対処する"虎の巻"。

価格は10％税込です。